鬼谷子 六韬 三略

崇文国学经典
普及文库

张卫国 晓明◎译

微信扫一扫：
加入国学赏读圈

长江出版传媒
崇文书局

图书在版编目（CIP）数据

鬼谷子　六韬　三略 / 张卫国，晓明译 . 一武汉：
崇文书局，2015.6（2018.4重印）
（崇文国学经典普及文库）
ISBN 978-7-5403-3849-7

Ⅰ.①鬼… Ⅱ.①张… ②晓… Ⅲ.①纵横家 ②《鬼谷子》–译文
③兵法–中国–古代 ④《六韬》–译文 ⑤《三略》–译文
Ⅳ.① B228 ②E892.2

中国版本图书馆 CIP 数据核字（2015）第 098325 号

長江出版傳媒 Changjiang Publishing & Media | 崇文书局 Chongwen Publishing House

※

统　　筹：陈中琼
责任编辑：陈　彬
出版发行：武汉市雄楚大街 268 号 · 湖北出版文化城主楼 C 座 11 层
　　　　　营销：027-87293001　传真：027-87679712
印　　刷：湖北恒泰印务有限公司
开　　本：889mm×1194mm　1/32
印　　张：10 印张　　字　　数：240 千字
版　　次：2015 年 6 月第 1 版
印　　次：2018 年 4 月第 3 次印刷
定　　价：29.80 元

总序

　　现代意义的"国学"概念，是在 19 世纪西学东渐的背景下，为了保存和弘扬中国优秀传统文化而提出来的。1935 年，王缁尘在世界书局出版了《国学讲话》一书，第 3 页有这样一段说明："庚子义和团一役以后，西洋势力益膨胀于中国，士人之研究西学者日益众，翻译西书者亦日益多，而哲学、伦理、政治诸说，皆异于旧有之学术。于是概称此种书籍曰'新学'，而称固有之学术曰'旧学'矣。另一方面，不屑以旧学之名称我固有之学术，于是有发行杂志，名之曰《国粹学报》，以与西来之学术相抗。'国粹'之名随之而起。继则有识之士，以为中国固有之学术，未必尽为精粹也，于是将'保存国粹'之称，改为'整理国故'，研究此项学术者称为'国故学'……"从"旧学"到"国故学"，再到"国学"，名称的改变意味着褒贬的不同，反映出身处内忧外患之中的近代诸多有识之士对中国优秀传统文化失落的忧思和希望民族振兴的宏大志愿。

从学术的角度看，国学的文献载体是经、史、子、集。崇文书局的这一套国学经典普及文库，就是从传统的经、史、子、集中精选出来的。属于经部的，如《诗经》《论语》《孟子》《周易》《大学》《中庸》《左传》；属于史部的，如《战国策》《史记》《三国志》《贞观政要》《资治通鉴》；属于子部的，如《道德经》《庄子》《孙子兵法》《鬼谷子》《世说新语》《颜氏家训》《容斋随笔》《本草纲目》《阅微草堂笔记》；属于集部的，如《楚辞》《唐诗三百首》《豪放词》《婉约词》《宋词三百首》《千家诗》《元曲三百首》《随园诗话》。这套书内容丰富，而分量适中。一个希望对中国优秀传统文化有所了解的人，读了这些书，一般说来，犯常识性错误的可能性就很小了。

崇文书局之所以出版这套国学经典普及文库，不只是为了普及国学常识，更重要的目的是，希望有助于国民素质的提高。在国学教育中，有一种倾向需要警惕，即把中国优秀的传统文化"博物馆化"。"博物馆化"是20世纪中叶美国学者列文森在《儒教中国及其现代命运》中提出的一个术语。列文森认为，中国传统文化在很多方面已经被博物馆化了。虽然中国传统的经典依然有人阅读，但这已不属于他们了。"不属于他们"的意思是说，这些东西没有生命力，在社会上没有起到提升我们生活品格的作用。很多人阅读古代经典，就像参观埃及文物一样。考古发掘出来的珍贵文物，和我们的生命没有多大的关系，和我们的生活没有多大关系，这就叫作博物馆化。"博物馆化"的国学经典是没有现实生命力的。要让国学经典恢复生命力，有效的方法是使之成为生活的一部分。崇文书局之所以强调普及，深意在此，期待读者在阅读这些经典时，努力用经典来指导自己的内外生活，努力做一个有高尚的人格境界的人。

国学经典的普及，既是当下国民教育的需要，也是中华民族健康发展的需要。章太炎曾指出，了解本民族文化的过程就是一个接受爱国主义教育的过程："仆以为民族主义如稼穑然，要以史籍所载人物制度、地理风俗之类为之灌溉，则蔚然以兴矣。不然，徒知主义之可贵，而不知民族之可爱，吾恐其渐就萎黄也。"（《答铁铮》）优秀的传统文化中，那些与维护民族的生存、发展和社会进步密切相关的思想、感情，构成了一个民族的核心价值观。我们经常表彰"中国的脊梁"，一个毋庸置疑的事实是，近代以前，"中国的脊梁"都是在传统的国学经典的熏陶下成长起来的。所以，读崇文书局的这一套国学经典普及读本，虽然不必正襟危坐，也不必总是花大块的时间，更不必像备考那样一字一句锱铢必较，但保持一种敬重的心态是完全必要的。

期待读者诸君喜欢这套书，期待读者诸君与这套书成为形影相随的朋友。

陈文新

（教育部长江学者特聘教授，武汉大学杰出教授）

　　鬼谷子这个人，在中国古代历史人物中，是一个真实而又极具神秘光环的人物。他的著作《鬼谷子》，是一部有独特价值而又极富神奇色彩的书。

　　《史记·苏秦列传》和《张仪列传》说鬼谷子是苏秦和张仪的老师。《隋书·经籍志》在"纵横家"类著录了《鬼谷子》三卷，注解说："鬼谷子，楚人也，周世隐于鬼谷。"《史记》和《隋书》认为鬼谷子是隐居在鬼谷的一位研究游说之术的隐士，生活在战国时代。相传鬼谷子为晋平公时人，姓王，名诩，因隐居于清溪之鬼谷，号称鬼谷子，苏秦、张仪、孙膑、庞涓等均为其徒弟。

　　魏晋时代，道教把鬼谷子的著作《鬼谷子》列为经典。东晋初年葛洪《抱朴子·遐览》列道教经典137种，其中就有《鬼谷经》。《鬼谷子》今本分为内篇12篇与外篇9篇，总结了纵横游说之术，形成了自己的理论体系，是战国纵横家唯一保存至今的理论专著；提出了不同于儒家、道家、法家等其他学派的哲学政治思想，可以说在中国思想史上独树一帜；开创了中国

的游说修辞术。阮元在其《鬼谷子跋》中云："是编为纵横家独存之子书。"一语道破了《鬼谷子》的独特价值所在。《汉书·艺文志·诸子略》著录先秦纵横家著作五种、秦汉纵横家著作七种。先秦纵横家五种著作是《苏子》《张子》《庞煖》《阙子》《国筮子》；秦汉纵横家七种著作是《秦零陵令信》《蒯子》《邹阳》《主父偃》《徐乐》《庄安》《待诏金马聊苍》。这十二种著作，当时就注明，除苏秦的《苏子》残缺外，其他各种都已经亡佚。六朝末年战乱，《苏子》也散亡了。虽然《战国策》是记录纵横家游说活动的著作，而且保存下来了，但是《战国策》却不是理论著作而是历史著作，所以，它被著录在《六艺略》的"春秋家"中。长沙马王堆发现的《战国纵横家书》，也主要是记载苏秦等人的游说活动，不是理论著作。这就是说，除了没有被《汉书·艺文志·诸子略》著录的《鬼谷子》以外，在历史上曾经轰轰烈烈的纵横家就没有理论著作传世了。

　　战国时代，是我国学术的黄金时代，我国后代的各种学术都渊源于这个时代，而且由于封建小农社会的缓慢停滞，后代学术的进展十分有限。

战国诸子百家，儒家、道家、墨家、法家、名家、杂家等都留传下理论著作，阴阳家也有片断作品被保留，而如果我们轻视《鬼谷子》，那就给研究战国时代的学术思想留下了巨大的空白。这不是太遗憾了吗？因此，《鬼谷子》是弥足珍贵的。

《鬼谷子》从《捭阖》到《决》篇，即《鬼谷子》上卷、中卷的十一篇作品是先秦时代鬼谷子及其门徒的原著。这十一篇作品，相互紧密联系，建立了一个完整的理论体系。《捭阖》是各篇的总纲；《反应》《内揵》《抵巇》《飞钳》《忤合》这五篇是讲游说之士的处世之道；《揣》篇、《摩》篇、《权》篇、《谋》篇、《决》篇这五篇，是讲游说的具体程序。《捭阖》以阴阳学说作为游说之术的哲学基础，统率以下各篇。该篇说："观阴阳之开阖以名命物。""捭阖者，天地之道。捭阖者，以变动阴阳，四时开闭，以名化万物。纵横、反出、反覆、反忤，必由此矣。"以下的《反应》《内揵》《抵巇》《飞钳》《忤合》等篇，都体现出阴阳捭阖的原则。《鬼谷子》以《捭阖》为纲领，为开宗明义的第一篇，而人们也把纵横家叫做"纵横捭阖"之士，正好相互一致，而不是偶合。

《反应》《内揵》《抵巇》《飞钳》《忤合》这五篇是讲游说之士的处世之道，又可以分为两组。《反应》《内揵》《飞钳》是一组，研究的内容是如何了解对方并控制对方：《反应》讲游说首先通过反覆手段，了解对方的反应，以探求真伪、辨明同异、掌握虚实；同时强调"知之始己"、"以先定为之法则"，即首先要了解自己，自己有坚定的主张，才能控制对方，进退自如。《内揵》以《反应》篇为基础，讲如何完全取得对方的信任，特别是君主的信任，建立密切无间的关系。《飞钳》与《内揵》密切相关，讲如何运用恰当的言辞，紧紧抓住对方，控制对方。《抵巇》与《忤合》是一组，研究的内容是如何应对政治形势与当权者：《抵巇》讲从政的原则，天下太平则隐居以等待时机，天下有矛盾而可以治理就帮助当权者治理，天下大乱而当权者无法治理就取而代之；《忤合》讲要以整个天下为舞台，善于选择君主，以施展自己的才能谋略。

《揣》篇、《摩》篇、《权》篇、《谋》篇、《决》篇这五篇是层层叠进的关系：《揣》篇包括"量权"与"揣情"，讲通过揣测以了解对方的客观条件与主观想法，这是游说程序的第一步；《摩》篇讲"摩"是揣测的手段之一，即通过进一步对游说对象的接触试探，更深入地了解对方；《权》篇讲在了解对方的基础上，反复权衡游说对方的谋略与言辞；《谋》篇讲谋略应该注意的事项，讲了"得其所因，以求其情""相益则亲，相损则疏""因事而裁""公不如私""正不如奇""阴道阳取""事贵制人"等观点；《决》篇又在谋略的基础上讲如何决断有疑虑的问题，提出了"度以往事，验之来事，参之平素"的决断原则。

这些篇不仅内容上构成一个系统，而且文字上也往往互相照应。《摩》篇开宗明义就说："摩者，揣之术也。"其他各篇之间，也往往有草蛇灰线。如：《捭阖》说"反覆、反忤"，实际上关联到了《反应》篇与《忤合》篇。《内揵》篇说："内自得而外不留，说而飞之。""飞"指"飞钳"，关联到了《飞钳》篇。《抵巇》篇说："察之以捭阖。能用此道，圣人也。远而可知者，反往以验来也。"联系到了《捭阖》《反应》二篇。《飞钳》篇说："或量能立势以钩之，或伺候见涧而钳之，其事用抵巇。"联系到了《权》篇、《抵巇》篇。《忤合》篇说："用之于天下，必量天下而与之；用之于国，必量国而与之；用之于家，必量家而与之；用之于身，必量身材能气势而与之。大小进退，其用一也。先定谋虑，计定而后行之以飞钳之术。"联系到了《权》《谋》《飞钳》等篇。

总之，《鬼谷子》灵活运用古老的阴阳学说，解释并驾驭战国时代激烈的社会矛盾，制定出一整套了解社会并干预社会的计谋权术，构建了纵横游说之术的系统理论。这个理论培养了苏秦、张仪、陈轸、公孙衍等杰出的游说之士，在历史舞台上演出了"合纵""连横"的一幕幕风云变幻的戏剧场面，操纵战国政治斗争形势约百年之久。鬼谷子构建的纵横游说的系统理论，不仅左右了战国时代的政治形势，而且影响深远，在中国古代哲学政治思想领域独树一帜，在中国修辞史上具有开创意义，还被宗教家、军事家等从不同的角度解读与运用。《鬼谷子》部分以道藏本为基础，博采众版本之长。

《六韬》相传为西周姜太公吕望所撰，但据历代学者考证，并非西周时期的作品，而应是战国晚期之作。

《六韬》的"韬"字，原与"弢"字相通，意为"弓套"，含有深藏不露之意，引申为谋略。所谓"六韬"，即指六种秘密的谋略，亦即论述战争问题的六种韬略。全书分文、武、龙、虎、豹、犬六卷共六十篇，以姜太公与周文王、周武王问对的形式，对经国治军的基本方略及指挥战争的具体战略战术进行阐述。其中文韬、武韬两卷主要论述战略问题，龙韬一卷论述将帅问题，虎、豹、犬三卷论述各种条件下的具体作战方法。

《六韬》的论述丰富而具体，涉及军事领域的各个方面，构成了一个较为完备的兵学体系，在古代军事理论发展史上占有显著而重要的地位。

关于《三略》的来历，据《史记·留侯世家》的记载，此书是秦汉之际的黄石公保存下来的姜太公《太公兵法》，后经黄石公推演而传于汉高祖的谋臣张良。但据后代学者考证，作者应是东汉时期的一位谋略家，不一定与黄石公或张良有直接关系，具体姓名已无从知晓了。

《三略》分上、中、下三篇，内容比较简略，主要阐述的是治国兴邦、统军驭将的政治方略，同时也涉及一些用兵打仗的具体计谋与方法。其思想体系不局限于一家，而是杂糅各家思想，尤以吸收儒、道两家学说为多。因此《三略》虽以兵书著称，也被视为一部政治谋略著作。

此次出版，将《鬼谷子》《六韬》《三略》合为一册，是因为三者之间在内容上确有相得益彰之处。译文以直译为主，间或辅以意译。不当之处，敬祈指正。

微信扫一扫：
加入国学赏读圈

鬼谷子

卷 上

卷 中

卷下（外篇）

六 韬

卷一 文韬

卷二　武韬

卷三　龙韬

卷四　虎韬

卷五　豹韬

卷六　犬韬

三略

鬼谷子

卷上

捭阖第一^①

【旧注】

①捭，拨动也；阖，闭藏也。凡与人言之道：或拨动之，令有言，示其同也；或闭藏之，令自言，示其异也。

【题解】

　　战国时代是一个"遑干戈，尚游说"的时代。外交场上的纵横家与战场上的军事家一样都有着重要的作用，对国家的安危有着决定性的作用。纵横家游说于各诸侯国之间，或主张合纵（以苏秦为代表，主张东方六国纵向联合，共同抵抗强大的秦国），或主张连横（以张仪为代表，主张以秦国为核心，分别跟六国结盟，各个击破），他们纵横于各国之间，影响着战局走向。纵横家们被人们称为"捭阖纵横之士"，其主要的游说手段就是捭阖之术。《鬼谷子》是纵横家的理论著作，所以开宗明义第一篇就是"捭阖"。"捭"是打开的意思；"阖"是闭合的意思。所谓"捭阖"，从游说的角度看，"捭"就是公开说出自己的意见，并引发对方说出意见；"阖"就是保持沉默，让对方先说出他的意见。推而广之，就是可以采用不同的手段去进行游说，诱导对方，求同存异；也可以采用不同的手段去了解人才，使用人才。

【原文】

　　粤若稽古，圣人之在天地间也，^①为众生之先。^②观阴阳之开阖以名命物，^③知存亡之门户，^④筹策万类之终始，达人心之理，见变化之联焉，^⑤而守司其门户。^⑥故圣人之在天下也，自古之今，其道一也。^⑦变化无穷，各有所归。^⑧或阴或阳，或柔或刚，或开或闭，或弛或张。^⑨是故圣人一守司其门户，审察其所先后，^⑩度权量能，校其伎巧短长。^⑪

【旧注】

①若，顺，稽，考也。圣人在天地间，观人设教，必顺考古道而为之。

②首出万物以前人，用先知觉后知，先觉觉后觉，故为众生先。

③阳开以生物，阴合以成物，生成既著，须立名以命之也。

④不忘亡者存，有其存者亡，能知吉凶之先见者，其惟知机乎！故曰：知存亡之门户也。

⑤万类终始，人心之理，变化联迹，莫不朗然玄悟，而无幽不测，故能筹策远见焉。

⑥司，主守也。门户，即上存亡之门户也。圣人既达物理终始，知存亡之门户，能守而司之，令其背亡而趣存也。

⑦莫不背亡而趣存，故曰：其道一也。

⑧其道虽一，行之不同，故曰：变化无穷。然有条而不紊，故曰：各有所

归也。

⑨此二者,法象各异,施教不同。

⑩政教虽殊,至于守司门户则一,故审察其所宜先者先行,所宜后者后行之也。

⑪权谓权谋,能谓材能,伎巧谓百工之役,言圣人之用人,必量度其谋能之优劣,校考其伎巧之长短,然后因材而用。

【译文】

如果考察古代历史,便可知道圣人在天地之间是普通民众的引导者。他观察阴阳二气的变化来为万物命名,掌握万物的规律。他了解事物生死存亡的道理,洞察万物发生发展的始终,通晓人们思维变化的关键,揭示事物变化的征兆,从而把握事物发展变化的关键。所以,圣人在普天之下,从古到今,都是遵循着同一的大道。然而事物的变化是无穷无尽的,各有不同的归宿;有的阴,有的阳;有的柔,有的刚;有的开放,有的闭合;有的松弛,有的紧张。所以,圣人要始终把握事物发展变化的关键,用密地考察事物的先后顺序,度量对方的智谋,测量对方的能力,再比较技巧方面的长短。

【原文】

夫贤、不肖,智、愚,勇、怯,仁、义,有差。乃可捭,乃可阖,乃可进,乃可退,乃可贱,乃可贵;无为以牧之。①审定有无,与其实虚,随其嗜欲,以见其志意。②微排其言,而捭反之,以求其实,贵得其指;阖而捭之,以求其利。③或开而示之,或阖而闭之。开而示之者,同其情也;阖而闭

之者,异其诚也。④可与不可,审明其计谋,以原
其同异。⑤离合有守,先从其志。⑥

【旧注】

①言贤不肖、智愚、勇怯,材性不同,各有差品。贤者可捭而同之,不肖
　者可阖而异之,智之与勇,可进而贵之;愚之与怯,可退而贱之。贤
　愚各当其分,股肱尽其力,但恭己无为,牧之而已矣。

②言任贤之道,必审定其材术之有无,性行之虚实,然后随其嗜欲而任
　之,以见其志意之真伪也。

③凡言事者,则微排抑其所言,拨动以反难之,以求其实情。实情既
　得,又自闭藏而拨动之,(彼)以求其所言之利何如耳。

④开而同之,所以尽其情,阖而异之,所以知其诚也。

⑤凡有所言,有可,有不可,必明审其计谋,以原其同异。

⑥计谋虽离合不同,但能有所执守,则先从其志以尽之,以知成败之
　归也。

【译文】

　　至于贤能和不肖,聪明和愚蠢,勇敢和怯懦,慈爱与坚持原则,是
有差别的,应该区别对待。有的放手使用,有的拒而不用;有的提拔,
有的斥退;有的可以轻视,有的可以推崇。而这些,都要顺应自然之道
来对待他们。要审慎考察他们才能的有无、表现的虚实,通过对他们
嗜好和欲望的分析,来明见他们的志向和意愿。再试探性地驳斥对方
所说的话,反复阐明自己的见解,以便探寻对方的实情,切实把握对方
的志向主张;如果对方闭口不言,那就要设法让其开口,以了解他追求
什么利益。有的情况下要开口表达自己的想法,有的情况下要沉默。

开口表达自己的想法,是表示双方情趣相同;沉默,是用反对的方法试探对方的诚意。对方赞同或者不赞同,一定要审察清楚他的计谋,考察清楚双方意见分歧的原因。意见乖离还是相合,有一个要点,就是要首先了解对方的真实想法。

【原文】

即欲捭之,贵周;即欲阖之,贵密。周密之贵微,而与道相追。①捭之者,料其情也。阖之者,结其诚也。②皆见其权衡轻重,乃为之度数,圣人因而为之虑;③其不中权衡度数,圣人因而自为之虑。④故捭者,或捭而出之,或捭而纳之。⑤阖者,或阖而取之,或阖而去之。⑥捭阖者,天地之道。⑦捭阖者,以变动阴阳,四时开闭,以化万物。⑧纵横反出、反覆、反忤,必由此矣。⑨

【旧注】

①言拨动之,贵其周遍;闭藏之,贵其隐密。而此二者,皆须微妙,合于道之理,然后为得也。

②料谓简择,结谓系束。情有真伪,故须简择;诚或无终,故须系束也。

③权衡既陈,轻重自分。然后为之度数,以制其轻重。轻重因得所,而为设谋虑,使之道行也。

④谓轻重不合于斤两,长短不充于度数,便为废物,何所施哉! 圣人因是自为谋虑,更求其反也。

⑤谓中权衡者,出而用之;其不中者,纳而藏之。

⑥诚者,阖而取之;不诚者,阖而去之。

⑦阖户谓之坤,辟户谓之乾,故谓天地之道。

⑧阴阳变动,四时开闭,皆捭阖之道也。纵横,谓废起也。万物,或开以起之,或阖而废之。

⑨言捭阖之道,或反之,令出于彼;或反之,覆来于此;或反之于彼,忤之于此。皆从捭阖而生,故曰:必由此也。

【译文】

如果想开启以表达自己的想法,以周详为贵,不可草率;如果想闭合以沉默隐藏自己的真实想法,以隐密为贵,不可泄漏。周详和隐密贵在非常微妙,并与自然之道相合。开启以表达自己的想法,是为了探测对方的虚实真假;闭合而沉潜观察,是为了判断对方的诚意。首先全面了解对方对事物的重要性的判断,再确定处理标准,并对他的意见进行思考谋划。如果对方对事物的重要性没有正确的判断,就要针对情况自己独立考虑。所以开启表达之后,对认为不适合的计谋要坚决不予采用,对适合的计谋要采纳吸收。闭合观察之后,了解到对方确有诚意便争取他,了解到对方没有诚意便离开他。总之,开启与闭合,是与自然之道相符合的办法。天地也就是通过开启和闭合,使阴阳二气发生变化,使四季交替运行,万物化育生长。游说中的纵横变化,对道理的反复阐述,也必定要通过开启与闭合的途径。

【原文】

捭阖者,道之大化,说之变也。必豫审其变化。①口者,心之门户也。心者,神之主也。②志意、喜欲、思虑、智谋,此皆由门户出入。③故关之以捭阖,制之以出入。捭之者,开也,言也,

阳也；阖之者，闭也，默也，阴也。④阴阳其和，终
始其义。⑤故言"长生"、"安乐"、"富贵"、"尊
荣"、"显名"、"爱好"、"财利"、"得意"、"喜欲"，
为"阳"，曰"始"。⑥故言"死亡"、"忧患"、"贫
贱"、"苦辱"、"弃损"、"亡利"、"失意"、"有害"、
"刑戮"、"诛罚"，为"阴"，曰"终"。⑦诸言法阳
之类者，皆曰"始"；言善以始其事。诸言法阴
之类者，皆曰"终"；言恶以终其谋。⑧

【旧注】

①言事无开阖，则大道不化，言说无变。故开闭者，所以化大道，变言
说。事虽大，莫不成之于变化，故必豫之，吉凶系焉。

②心因口宣，故口者，心之门户也。神为心用，故心者，神之主也。

③凡此八者，皆往来于口中，故曰：由门户出入也。

④言八者若无开闭，事或不节，故关之以捭阖者，所以制其出入。开言
于外，故曰：阳也，闭情于内，故曰：阴也。

⑤开闭有节，故阴阳和；先后合宜，故终始义。

⑥凡此皆欲人之生，故曰始曰阳。

⑦凡此皆欲人之死，故曰阴曰终。

⑧谓言说者，有于阴言之，有于阳言之，听者宜知其然。

【译文】

　　开启与闭合，是自然之道最重要的变化，也是游说之辞的主要变
化。一定要预先周详地研究开合变化的方法。口是人的心灵的门户，
心是人的精神的主宰。人们的志向意愿、喜好欲望、思维与智谋等，都

通过口这一门户表达出来。所以，要用开启和闭合的变化来控制思维的表达。所谓"捭"，便是开启，便是说话，便是阳；所谓"阖"，便是闭合，便是沉默，便是阴。说话要阴阳协调，始终适宜。讲长生、安乐、富贵、尊荣、扬名、宠爱、财利、得意、喜欲等，这些说话内容便是"阳"，这便叫"始"；讲死亡、忧患、贫贱、困苦、受辱、抛弃、失利、失意、有害、受刑、被罚等，这些说话内容便是"阴"，这便叫"终"。各种言论属于"阳"一类的，都叫作"始"，它从正面宣传各种利益好处，从而使事情有一个好的开端；各种言论属于"阴"一类的，都叫作"终"，它从反面宣传各种危害坏处，从而结束不适当的谋略。

【原文】

捭阖之道，以阴阳试之。①故与阳言者，依崇高。与阴言者，依卑小。②以下求小，以高求大。③由此言之，无所不出，无所不入，无所不可。④可以说人，可以说家，可以说国，可以说天下。⑤为小无内，为大无外。⑥益损、去就、倍反，皆以阴阳御其事。⑦阳动而行，阴止而藏；阳动而出,阴随而入;阳还终阴,阴极反阳。[8]以阳动者,德相生也;以阴静者,形相成也。以阳求阴,苞以德也;以阴结阳,施以力也。[9]阴阳相求,由捭阖也。[10]此天地阴阳之道,而说人之法也。[11]为万事之先,是谓圆方之门户。[12]

【旧注】

① 谓或拨动之,或闭藏之,以阴阳之言试之,则其情慕可知。

② 谓与情阳者言,高以引之;与情阴者言,卑以引之。

③ 阴言卑小,故曰:以下求小。阳言崇高,故曰:以高求大。

④ 阴阳之理尽,小大之情得,故出入皆可,何所不可乎?

⑤ 无所不可,故所说皆可。

⑥ 尽阴则无内,尽阳则无外。

⑦ 以道相成曰益,以事相贼曰损;义乖曰去,志同曰就;去而遂绝曰倍,去而复来曰反。凡此不出阴阳之情,故曰:皆以阴阳御其事也。

⑧ 此言上下相成,由阴阳相生也。

⑨ 此言上之爵禄养下,下以股肱宣力。

⑩ 上下所以能相求者,由开闭而生也。

⑪ 言既体天地,象阴阳,故其法可以说人也。

⑫ 天圆地方,上下之义也。理尽开闭,然后生万物,故为万事先,上下之道由此出入,故曰:圆方之门户。

【译文】

开启和闭合的方法,要从阴阳两个方面试探。跟性格阳刚积极的人说话,内容要高远积极;跟性情阴柔消极的人说话,内容要微小切近。用低下的言论来迎合志向卑微的人,用高远的言论来迎合志向远大的人。根据这个办法游说,没有什么地方不能出入,没有什么对象不可说服。可以游说普通人,可以游说士大夫,可以游说诸侯各国,可以游说天下。从小的方面入手,可以小得不能再小;从大的方面着眼,可以大得不能再大。补益或损害,离开或接近,背离或返回,都用阴阳开合之道来控制。"阳"活动前进,"阴"静止隐藏;"阳"活动外出,"阴"隐藏入内。"阳"反复运动,就会转化为"阴";"阴"发展到极致,就会转化为"阳"。阳刚积极的人,要用道德加以促进感化;阴柔消极的人,则要用可见的行动帮助成势。从阳的方面去追求阴,要用德行去包容对方;从阴的方面去接近阳,要尽力气去办事。阴阳相互追求,相互结合,必须通过开启或闭合的途径。这便是天地间的阴阳之道,也是游说别人的方法。它是办好万事的先决条件,也是方正、圆融等各种手段变化的途径。

反应第二①

【旧注】

①听言之道，或有不合，必反以难之。彼因难以更思，必有以应也。

【题解】

《说文解字》云："反，覆也。""反"的本义是把一个东西翻转过来，引申为"返回"、"反复"、"反面"、"反而"等义项。本篇的"反"字，常与"覆"字对举使用，主要使用"反复"这一义项，也可兼容其他义项。"应"在本篇中的含义是反应、应和。本篇作为一种游说之术，主要含义是：通过正面或反面反复地观察、了解、辩说，准确地掌握对方的反应，包括心理、语言等方面的反应，以便紧紧抓住对方反应，并准确地制定自己的基本应对策略。

【原文】

古之大化者，乃与无形俱生。①反以观往，覆以验来；反以知古，覆以知今；反以知彼，覆以知己。②动静虚实之理，不合于今，反古而求之。③事有反而得覆者，圣人之意也。④不可不察。⑤

【旧注】

①大化者，谓古之圣人以大道化物也。无形者，道也。动必由道，故
　日：无形俱生。

②言大化圣人，稽众舍己，举事重慎，反复详验。欲以知来，先以观往；
　欲以知今，先以考古；欲以知彼，先度于己。故能举无遗策，动必成功。

③动静由行止也，虚实由真伪也。其理不合于今，反求于古者也。

④事有不合，反而求彼，翻得覆会于此。成此在于考彼，契今由于求
　古，斯圣人之意也。

⑤不审则失之于几，故不可不察。

【译文】

　　古代化育众生的圣人，是与无形的大道共存的。他回首观察以往
的历史，并以之预测将来；回首了解古代，并以之了解当代；首先了解
他人，并以之了解自己。事物动静虚实的道理，如果跟现在和将要发
生的情况不合，就要返回去研究古代的情况，从而寻求正确答案。事
情往往有通过求助于古代而得到成功的钥匙的情况，这是圣人的成功
经验，我们不可不仔细考察。

【原文】

　　　人言者，动也；己默者，静也。因其言，听
其辞。①言有不合者，反而求之，其应必出。②言
有象，事有比；其有象比，以观其次。③象者，象
其事；比者，比其辞也。以无形求有声。④其钓
语合事，得人实也。⑤若犹张罝网而取兽也，多
张其会而司之。道合其事，彼自出之，此钓人

之网也。⑥常持其网驱之。其言无比，乃为之
变。⑦以象动之，以报其心，见其情，随而牧之。⑧
己反往，彼覆来，言有象比，因而定基。⑨重之、
袭之、反之、覆之，万事不失其辞。⑩圣人所诱愚
智，事皆不疑。⑪

【旧注】

①以静观动，则所见审；因言听辞，则所得明。

②谓言者或不合于理，未可即斥，但反而难之，使自求之，则契理之应，
怡然自出。

③应理既出，故能言有象，事有比。前事既有象比，更当观其次，令得
自尽。象谓法象，比谓比例。比，谓类比也。

④理在玄微，故无形也。无言则不彰，故以无形求有声，声即言也。

⑤得鱼在于投饵，得语在于发端；发端则语应，投饵则鱼来。故曰钓
语。语则事合，故曰合事。明试在于敷言，故曰：得人实也。

⑥张网而司之，彼兽自得，道合其事，彼理自出。理既彰，圣贤斯辨，虽
欲自隐，其道无由，故曰：钓人之网也。

⑦持钓人之网，驱令就职事也。或乖，彼遂不言无，无比。如此，则为
之变常易网，更有以动之者也。

⑧此言其变也。报，犹合也。谓更开法象以动之，既合其心，其情可
见。因随其情而牧养之。

⑨己反往以求彼，彼必覆来而就职，则奇策必申。故言有象比，则口无
择言，故可以定邦家之基也。

⑩谓象比之言，既可以定基。然后重之、袭之、反覆之，皆谓再三详审，
不容谬妄。故能万事允惬，无复失其辞者也。

⑪圣人诱愚，则闭藏之，以知其诚；诱智则拨动之，以尽其情。咸得其
实，故事皆不疑也。

【译文】

别人讲话，这是动；自己沉默，这是静。要根据对方的话来了解他
的真实想法。如果对方话语中有不真实的情况，可反复询问，对方一
定会应和，最终把真实情况说出来。若经常使用象征、比喻的方法来
表达言语内容，事物一定有可供类比的先例。有了象征和类比，就可
以观察对方下一步的想法和言行。所谓"象"，便是用语言象征所要表
达的某种事物；所谓"比"，便是用言辞反映可供类比的先例。然后，根
据无形的道理来探察有声的言辞。诱导他人的话使之符合事理，从而
了解到他人的真实情况。这就好像张网捕兽，只要在野兽出没频繁的
地方多设置一些网，伺机观察等候着，就一定能捕捉到野兽。方法适
合事理，对方当然会自己说出一切，这就是一张钓人的"网"。要经常
拿着这张"网"，诱使对方入"网"。如果对方的言谈不肯接近这张"网"，
便改变方法来诱导。用形象的语言打动对方，投合他的内心想法，从
而了解他的真情，并进一步控制住他。彼我双方，一来一往，反复交
谈，通过语言的象征和类比，就能心中有数了。然后反反复复，周密审
慎地询求，使各类事物都符合真实情况。圣人诱导愚人和智者的方法
不同，但都可以确定无疑的获知真实情况。

【原文】

　　　故善反听者，乃变鬼神以得其情。①其变当
也，而牧之审也。②牧之不审，得情不明；得情不明，
定基不审。③变象比，必有反辞，以还听之。④欲闻

其声，反默；欲张，反敛；欲高，反下；欲取，反与。⑤欲开情者，象而比之，以牧其辞。同声相呼，实理同归。⑥或因此，或因彼，或以事上，或以牧下。⑦此听真伪，知同异，得其情诈也。⑧动作言默，与此出入；喜怒由此，以见其式。⑨皆以先定，为之法则。⑩以反求覆，观其所托，故用此者。⑪己欲平静，以听其辞，观其事，论万物，别雄雌。⑫虽非其事，见微知类。⑬若探人而居其内，量其能，射其意也；符应不失。如螣蛇之所指，若羿之引矢。⑭

【旧注】

①言善反听者，乃坐忘遗鉴，不思玄览，故能变鬼神以得其情，洞幽微而冥会，夫鬼神本密，今则不能，故曰：变也。

②言既变而当理，然后牧之道审也。

③情明在于审牧，故不审则不明；审基在于情明，故不明则不审。

④谓言者于象、比有变，必有反辞以难之，令其先说，我乃还静以听之。

⑤此言反听之道，有以诱致之。故欲闻彼声，我反静默；欲彼开张，我反睑敛；欲彼高大，我反卑下；欲彼收取，我反施与。如此，则物情可致，无能自隐也。

⑥欲开彼情，先设象、比而动之。彼情既动，将欲生辞，徐徐牧养，令其自言。譬犹鹤鸣于阴，声同必应，故能以实理相归也。

⑦谓所言之事，或因此发端，或因彼发端；其事有可以事上，可以牧下者也。

⑧谓真伪、同异、情诈，因此上事而知也。

⑨谓动作言默，莫不由情与之出入，至于或喜或怒，亦由此情以见其式也。

⑩谓以上六者，皆以先定于情，然后法则可为。

⑪反于彼者，所以求覆于此，因以观彼情之所托，此谓信也。知人在于见情，故言用此也。

⑫谓听言之道，先自平静，既得其辞，然后察其事，或论序万物，或分别雌雄也。

⑬谓所言之事，虽非时要，然观此可以知微，故曰：见微知类。

⑭闻其言，则可知其情，故若探人而居其内，则情原必尽，故量能射意，万无一失，若合符契。腾蛇所指，祸福不差，羿之引矢，命处辄中，听言察情，不异于此，故以相况也。

【译文】

　　古代善于从正反两方面反复了解事物的人，往往采用鬼神不测的变化手段来了解真实情况。他的变化适当合理，他的观察非常详细。如果观察不详细，得到的情况便不明了；得到的情况不明了，决定的基本策略便不周详。要能把象征和类比运用得变幻莫测，就一定要善于说反话，并伺机观察对方的反应。想要听到对方的声音，自己先要沉默；想想张开，先要收拢；想要上升，先要下降；想要获取，先要给予。想要使对方开诚布公，就用象征与类比的语言试探，并说出先例，诱导对方发言。相同的声音自然会彼此呼应，相同的事物必然归结为相同的道理。或者顺着这种道理，或者顺着那种道理，或者用来侍奉君长，或者用来管理臣民。这样就能听出对方话中的真假，了解彼此间的异同，从而分辨对方透露的是真实情况还是诡诈信息。是活动还是停止，是言说还是沉默，都要根据具体情况而定；言谈中表情的喜怒也要根据态势来选择。这些都要预先决断,作为准则。通过反复的言辞试探,求得对方答复,再观察分析他所寄托的内容。自己要保持平静,才能听取对方的言辞,考察他所说的事情,探讨万事万物,分辨势力强弱。即使对方所说不是自己当前急于了解的事,也可以凭借微小的征兆推知同类的情况。这就好比要想了解别人就要深入他的内部,从中衡量他的才能,猜中他的想法。要像符节一样合拍,不会发生失误;像腾蛇一样,指向哪里不差分毫;像后羿一样,百发百中,准确无误。

【原文】

　　故知之始己,自知而后知人也。①其相知也,若比目之鱼。其伺言也,若声之与响;其见形也,若光之与影也。②其察言也不失,若磁石之取针,舌之取燔骨。③其与人也微,其见情也疾。④如阴与阳,如阳与阴;如圆与方,如方与圆。⑤未见形,圆以道之;既形,方以事之。⑥进退左右,以是司之。⑦己不先定,牧人不正;⑧事用不巧,是谓忘情失道。⑨己审先定以牧人,策而无形容,莫见其门,是谓天神。⑩

【旧注】

①知人者智,自知者明。智从明生,明能生智。故欲知人,先须自知也。

②我能知己,彼须我知,必两得之,然后圣贤道合,故若比目之鱼。圣贤合则理自彰,犹光生而影见。

③以圣察贤,复何所失?故若磁石之取针,舌之取燔骨。

④圣贤相与,其道甚微,不移寸阴,见情甚疾。

⑤上下之道,取类股肱,比之一体,其来尚矣。故其相成也,如阴与阳;其相形也,犹圆与方。

⑥谓向晦入息,未见之时,当以圆道导之。亦既出潜离隐,见形之后,即以方职任之。

⑦此言用人之道,或升进,或黜退,或贬左,或崇右,一惟上圆方之理,故曰:以是道司之。

⑧方圆进退,若不先定,则于牧人之理不道其正也。

⑨用事不巧,则操末续颠,圆凿方枘,情道两失,故曰:忘情失道也。

⑩己能审定,以之牧人,至德潜畅,玄风远扇,非形非容,无门无户,见形而不及道,日用而不知,故谓之"天神"也。

【译文】

　　所以了解外界事物要从了解自己开始,先了解自己,然后才能了解他人。双方互相了解,志同道合,就好像比目鱼一样。这样就能够及时掌握对方的言辞,就好像声响与回声一样即时相应;能够及时掌握对方的表现,就好像光与影一样相伴而生。了解自己的人,他审察别人的言论不会发生失误,就好像用磁石去吸铁针一样万无一失,又好像用舌头去吮吸烤熟的骨肉一样容易。他结交别人,方式微妙;他发现情况,反应迅疾。他的方法,有时阴柔,有时阳刚,阴柔与阳刚相互结合;有时圆转,有时方正,圆转与方正相互搭配。如果情形还不清楚,便采用圆转灵活之道来引导对方;如果情形已经清楚,就用方正直率之道来处理事情。前进、后退、向左、向右,都要坚守上述方法。自己先不确定,处理事情便不巧妙,这叫作"忘情失道";自己先有定见,再去管理别人,策略就能巧妙而不见痕迹,没有谁能懂得其中的诀窍,这便达到了自然神妙的境界,可以叫作"天神"。

内揵第三①

【旧注】

①揵者,持之令固也。言上下之交,必内情相得,然后结固而不离。

【题解】

揵,与"楗"(门闩)、"键"(钥匙)是同源词,是紧密结合的意思。"内",特指内心世界。"内揵"作为游说之术,其含义是:向君主进献说辞,要深入到君主的内心世界,使双方的关系就像门闩和门、钥匙和锁一样紧密结合、亲密无间。运用"内揵"之术的目的是取得君主的信任,其成功与否的关键是"得其情",即了解到对方的真实情况和真实想法。

【原文】

君臣上下之事,有远而亲,近而疏;①就之不用,去之反求;②日进前而不御,遥闻声而相思。③事皆有内揵,素结本始。④或结以道德,或结以党友,或结以财货,或结以采色。⑤用其意,欲入则入,欲出则出;欲亲则亲,欲疏则疏;欲就则就,欲去则去;欲求则求,欲思则思。⑥若蚨母之从子也,出无间,入无朕。独往独来,莫之能止。⑦

【旧注】

①道合,则远而亲;情乖,则近而疏。

②非其意,则就之而不用;顺其事,则去之而反求。

③分违,则日进前而不御;理契,则遥闻声而相思。

④言或有远之而相亲、去之反求、闻声而思者,皆由内合相持,素结其始,故曰:皆有内揵,素结本始也。

⑤结以道德,谓以道德,结连于君,若帝之臣,名为臣,实为师也。结以党友,谓以友道结连于君,王者之臣,名为臣也,实为友也。结以财货,结以采色,谓若桀纣之臣费仲、恶来之类是也。

⑥自入出以下八事,皆用臣之意。随其所欲,故能固志于君,物莫能间也。

⑦蚨母,螲蟷也。似蜘蛛,在穴中,有盖。言蚨母养子,以盖覆穴,出入往来,初无间眹,故物不能止之。今内揵之臣,委曲从君,以自结固,无有间隙,亦由是也。

【译文】

　　君臣上下之间的关系很复杂微妙。有的关系虽然疏远,思想上却很亲密;有的关系虽然亲近,思想上却很疏远。有的人接近靠拢,却不被任用;有的人离开朝廷,却被寻找征召。有的人每天都出现在面前,却不受欢迎;有的人只远远地听到名声,却被想念。这一切都取决于所进献的主张计谋跟君主的思想意图是否吻合。那些被亲信、被任用、被欢迎的人是由于所进献的主张跟君主思想相合,早就发生了根本联系,心心相印。君臣之间的关系,有的靠道德彼此结合;有的是志趣相投的伙伴;有的使用钱财物质拉拢;有的靠进献美女讨其欢心。如果能揣摩对方意图而与其相交,那么,想进就可以进,想出就可以出;想亲密就可以亲密,想疏远就可以疏远;想接近就可以接近,想离开就可以离开;想征召就可以征召,想思念就可以思念。就好像青蚨虫一样,母虫一定要细心地保护它的幼虫,无论出入,都没有间隔的迹象,自由往来,没有谁可以阻止。

【原文】

内者,进说辞;揵者,揵所谋也。^①欲说者,务隐度;计事者,务循顺。阴虑可否,明言得失,以御其志。^②方来应时,以和其谋。^③详思来揵,往应时当也。^④夫内有不合者,不可施行也。^⑤乃揣切时宜,从便所为,以求其变。^⑥以变求内者,若管取揵。^⑦言往来,先顺辞也;说来者,以变言也。^⑧善变者,审知地势,乃通于天,以化四时;使鬼神合于阴阳,而牧人民。^⑨见其谋事,知其志意。^⑩事有不合者,有所未知也。^⑪合而不结者,阳亲而阴疏。^⑫事有不合者,圣人不为谋也。^⑬

【旧注】

①说辞既进,内结于君,故曰:内者,进说辞也。度情为谋,君必持而不舍,故曰:揵者,揵所谋也。

②说而隐度,则其说必行;计而循顺,则其计必用。谓隐虑可否,然后明言得失,以御君志也。

③方,谓道术。谓以道术来进必应时宜,以合会君谋也。

④详思计虑,来进于君,可以自固,然后往应时宜,必当君心也。

⑤计虑不合于君,则不可施行也。

⑥前计既有不合乃更揣量切摩,当时所为之便,以求所以变计也。

⑦以管取揵,揵必离;以变求内,内必合。

⑧往事已著,故言之贵顺辞;来事未形,故说之贵通变也。

⑨善变者,谓善识通变之理,审知地势,则天道可知。故曰:乃通于天。知天则四时顺理而从化,故曰:以化四时。鬼神者,助阴阳以生物者

也,道通天地,乃能使鬼神合德于阴阳也。

⑩既能知地、通天、化四时、合阴阳、乃可以牧养人民。其养人也,必见其谋事,而知其志意也。

⑪谓知之即与合,未知即不与合也。

⑫或有离合而不结固者,谓以阳外相亲,阴内相疏也。

⑬不合,谓圆凿而方枘。故圣人不为谋也。

【译文】

所谓"内",便是使进献的说辞能够深入君主内心;所谓"揵",便是使自己的谋略与君主相合。想要说服他人,务必要先悄悄地揣测;度量、策划事情,务必要遵循顺畅的途径。暗中分析是可是否,透彻辨明所得所失,以便影响君主的意向。以道术来进言当应合时宜,以便与君主的谋划相合。详细地思考后再来进言,去适应形势。凡是内情有不合时宜的,就不可以实行。就要揣量切摩形势,从便利处入手,来改变策略。用善于变化来争取被采纳,就像以门管来接纳门楗一样顺当。凡是谈论过去的事情,要先有顺畅的言辞,凡是谈论未来的事情要采用容易、变通的言辞。善于变化的人,要详细了解地理形势,只有这样,才能沟通天道,化育四时,驱使鬼神,符合阴阳,牧养人民。要了解君主谋划的事情,要知晓君主的意图。所办的事情凡有不合君主之意的,是因为对君主的意图还有不了解的地方。

【原文】

故远而亲者,有阴德也;近而疏者,志不合也。①就而不用者,策不得也;去而反求者,事中来也。②日进前而不御者,施不合也;遥闻声而相思者,合于谋待决事也。③故曰:不见其类而

为之者,见逆;不得其情而说之者,见非。^④得其
情,乃制其术。^⑤此用可出可入,可揵可开。^⑥

【旧注】

①阴德,谓阴私相德也。

②谓所言当时未合,事过始骇,故曰:事中来。

③谓所行合于己谋,待之以决其事,故曰:遥闻声而相思也。

④言不得其情、类而说之者,必北辕适楚。陈轸游秦,所以见非逆也。

⑤得其情,则鸿遇长风,鱼纵大壑,沛然莫之能御,故能制其术也。

⑥此用者,谓(得)其情也。则出入自由,揵开任意也。

【译文】

　　所以,关系疏远而得到君主亲近的,一定是暗中思想相合;关系亲近而被君主疏远的,一定是彼此志向不投。靠拢君主反而不被任用的,一定是谋略不当;离开君主反而被征召的,一定是所谋划的事在后来应验了。每天出现在君主面前却不受欢迎,一定是建议措施不合君主之意;远远听到声誉便想念的,一定是谋略相合的,期待他前来决断大事。所以说,凡是不了解真实情况便想做事,就一定会遭到拒绝;凡是不了解内心想法便进行游说,就一定会被人非难。只有了解到真情,才能制定并实现自己的谋略。使用这种办法就可以进,也可以出;可以相合,也可以离开。

【原文】

　　　　故圣人立事,以此先知而揵万物。^①由夫道
德、仁义、礼乐、忠信、计谋。^②先取《诗》《书》,

混说损益，议论去就。^③欲合者用内，欲去者用
外。^④外内者，必明道数，揣策来事，见疑决之。^⑤

【旧注】

①言以得情立事，故能先知可否，万品所以结固而不离者，皆由得情也。

②由夫得情，故能行其仁义、道德以下事也。

③混，同也。谓先考《诗》《书》之言，以同己说；然后损益时事，议论去就也。

④内谓情内，外谓情外。得情自合，失情自去，此盖理之常也。

⑤言善知内外者，必明识道术之数，预揣来事，见疑能决也。

【译文】

　　所以，圣人立身处事，要遵循这种规律来预先了解情况，从而跟各种人和事物相互紧密结合。他通过道德、仁义、礼乐、计谋等途径来达到自己的目的。首先采撷《诗经》《尚书》中的语句，使之跟自己的说法相同，增加或减少内容；再分析事情的利弊得失，仔细研讨在当前情况下自己应该是留下还是离开。如果想要与君主相合，便从进取方面努力，以求思想与君主吻合；如果想要离开，就采取消极的办法，尽量退避。无论是积极进取还是消极退避，都一定要通晓道术，这样才可以揣测并计划未来的事情，发现疑难之处才可以迅速决断。

【原文】

　　策而无失计，立功建德。^①治名入产业，曰
揵而内合。^②上暗不治，下乱不寤，揵而反之。^③
内自得而外不留说，而飞之。^④若命自来，己迎
而御之。^⑤若欲去之，因危与之。^⑥环转因化，莫

知所为,退为大仪。⑦

【旧注】

①既能明道术,故策无失计。策无失计,乃可以立功建德也。

②理君臣之名,使上下有序;入赋税之业,使远近无差。上下有序,则
　职分明,远近无差,则徭役简。如此则为国之基,故曰:捷而内合也。

③上暗不治其任,下乱不寤其萌,如此天下无邦,域中旷主,兼昧者可
　行其事;侮己者由是而兴,故曰:捷而反之。

④言自贤之主,自以所行为得,而外不留贤者之说。如此者,则为作声
　誉而飞扬之,以钓观其欢心也。

⑤君心既善己,必自有命来召己,既迎而御之,以行其志。

⑥翔而后集,意欲去之,因将危与之辞矣。

⑦去就之际,反覆量宜,如圆环之转。因彼变化,虽傍者不知所为,如
　是而退,可谓全身大仪。仪者,法也。

【译文】

　　策略上没有失误之处,可以立功建德;辨察名分,确立君臣秩序;
增加财富,使国家富强,这便叫作"捷而内合",即谋略被采用、思想相
吻合的意思。如果君主昏庸不理政事,臣下胡乱行事而不觉悟,那么进
献谋略就会遭到拒绝,自己要反身而退。如果君主自鸣得意而不采纳
外人的建议,便使用"飞钳之术",即放出恭维赞扬的话语使对方上钩。
如果君主有命令来征召自己,便接受任命,发挥作用,实行自己的主张。
如果想要离开,便要心存戒惧地与君主结交。总而言之,要做到像圆环
一样圆转灵动,顺应对方情势的变化,使谁也无法了解自己的计谋;隐
退往往是一种全身而退的大法。

抵巇第四①

【旧注】

①抵，击实也。巇，衅隙也。墙崩因隙，器坏因衅。而击实之，则墙器不败。若不可救，因而除之，更有所营置。人事亦由是也。

【题解】

抵，旧读 zhǐ，意为"击"；"抵"本身也有接触的含义。击、接触，都可以引申为处理、利用。巇，读 xī，意为裂缝。抵巇，就是针对社会所出现的裂缝（即各种矛盾与问题）而采取不同的处理手段：或加以补救，使其恢复原有状态；或因势利导，建立新的秩序。《捭阖》《反应》《内揵》三篇讨论的是具体的游说之术，《抵巇》篇则是讨论游说之士从政的原则与态度。

【原文】

　　　　物有自然，事有合离。①有近而不可见，远

而可知。近而不可见者，不察其辞也；远而可知者，反往以验来也。^②巇者，罅也；罅者，涧也；涧者，成大隙也。^③巇始有朕，可抵而塞，可抵而却，可抵而息，可抵而匿，可抵而得，此谓抵巇之理也。^④

【旧注】

①此言合离，若乃自然之理。

②察辞观行，则近情可见；反往验来，则远事可知。古犹今也，故反考往古，则可验来，故曰：反往以验来。

③隙大则崩毁将至，故宜有以抵之也。

④朕者，隙之将兆，谓其微也。自中成者，可抵而塞；自外来者，可抵而却；自下生者，可抵而息；其萌微者，可抵而匿；都不可治者，可抵而得。深知此五者，然后善抵巇之理也。

【译文】

　　万事万物都有自然而然的道理，事物在发展过程中，有时相合，有时背离。有时近在眼前却看不到，有时远在天边却了解得很清楚。近在眼前却看不到，是因为不能明察对方的言辞；远在天边却了解得很清楚，是因为能够借鉴过去已经发生的事而预测将要发生的事。所谓"巇"，就是裂缝的意思，裂缝不及时堵塞，便会成为大裂缝，使得事物崩裂。裂缝开始发生时是有征兆的，可以采取不同的措施对待它：或者堵塞，或者排除，或者使事故平息，或者使事故消失；如果已经无法挽救了，便用新的事物来取代它。这就是抵巇的道理。

【原文】

事之危也，圣人知之。独保其用，因化说事，通达计谋，以识细微。①经起秋毫之末，挥之于太山之本。②其施外兆萌牙蘖之谋，皆由抵巇。抵巇隙为道术。③

【旧注】

①形而上者谓之圣人，故危兆才形，朗然先觉，既明且哲，故独保其用也。因化说事，随机逞术，通达计谋，以经纬识微，而预防之也。

②汉高祖以布衣登皇帝位，殷汤由百里而驭万邦。经，始也。挥，动也。

③言化政施外、兆萌牙蘖之时，托圣谋而计起，盖由善抵巇之理，故能不失其机，然则巇隙既发，乃可行道术，故曰：抵巇隙为道术也。

【译文】

事物出现危险征兆时，圣人便能察觉。他能独自保持清醒认识，顺应事物的发展变化来分析事物，因而能通达计谋，辨析细微的现象。万物开始时的征兆，经常都微小得像秋天羽毛的末端；一旦成长壮大，就像泰山的山脚那样巨大稳固。圣人把他的智谋用于处理外界情况时，不管征兆如何细微，都要运用"抵巇"之术。针对裂缝采取措施的抵巇之术，是一种道术。

【原文】

天下分错，上无明主，公侯无道德，则小人谗贼，贤人不用，圣人窜匿，贪利诈伪者作，君臣相惑，土崩瓦解，而相伐射，父子离散，乖乱反

目，是谓萌牙巇罅。①圣人见萌牙巇罅，则抵之
以法。世可以治，则抵而塞之；不可治，则抵而
得之。或抵如此，或抵如彼；或抵反之，或抵覆
之。②五帝之政，抵而塞之；三王之事，抵而得之。③
诸侯相抵，不可胜数。当此之时，能抵为右。④

【旧注】

①此谓乱政萌牙，为国之巇罅、伐射，谓相攻伐而激射。

②如此谓抵而塞之，如彼谓抵而得之，反之谓助之为理，覆之谓因取其国。

③五帝之政，世间犹可理，故曰：抵而塞之，是以有禅让之事。三王之
　事，世间不可理，故曰：抵而得之，是以有征伐之事也。

④谓五伯时，右由上也。

【译文】

　　天下分崩错乱，上无英明的君主，公侯大臣没有道德，那就会小人
当权，毁谤和残害好人，有能力的人不被任用，圣智的人远远逃避躲藏，
贪图财利、虚伪欺诈的人到处活动。君臣互相蒙蔽，国家土崩瓦解，互
相残杀攻击，百姓流离失所，父子分隔，亲友反目成仇。这种情况便叫
作产生了裂缝。圣人见到产生了裂缝，便用各种方法来治理它。如果
世道还可以治理，便采取措施堵塞裂缝；如果已经不可挽救，便用新的
秩序来取代它。或者用这种措施治理，或者用那种措施治理；或者使它
返回到原来的状态，或者使它覆灭。上古时代，五帝相互禅让，发现裂
缝便及时堵塞；夏、商、周建立新王朝，都是除掉原来的暴政，建立新的
秩序。这都是历史上的先例。现在，诸侯之间产生裂缝的事，数也数不
清。在这种时代，能及时采取抵巇措施的人便是值得推崇的人。

【原文】

　　自天地之合离终始，必有巇隙，不可不察
也。^①察之以捭阖。能用此道，圣人也。^②圣人
者，天地之使也。^③世无可抵，则深隐而待时；时
有可抵，则为之谋。可以上合，可以检下。^④能
因能循，为天地守神。^⑤

【旧注】

①合离谓否泰，言天地之道正观尚有否泰为之巇隙，又况于人乎？故
　曰：不可不察也。

②捭阖亦否泰也。体大道以经人事者，圣人也。

③后天而奉天时，故曰：天地之使也。

④上合，谓抵而塞之，助时为治；检下，谓抵而得之，束手归己也。

⑤言能因循此道，则大宝之位可居，故能为天地守其神祀也。

【译文】

　　自开天辟地以来，万事万物都会产生裂缝，不可不仔细观察研究。
观察的方法是运用捭阖的手段。能够用抵巇之道来研究处理事物的
人，便是圣人。圣人是体现天地自然之道的使者。世上没有什么大的
裂缝需要弥补时，他便隐居深山，等待时代召唤；时代发生裂缝，可以
采取措施时，他便出来谋划。他能够与国君遇合，取得信任；也可以约
束民众，督察民众。他能够遵循这种方法，掌握住天地间的神妙变化。

卷中

飞钳第五①

【旧注】

①飞,谓作声誉以飞扬之;钳,谓牵持缄束令不得脱也。言取人之道,先作声誉以飞扬之,彼必露情竭志而无隐,然后因其所好,牵持缄束令不得转移。

【题解】

　　本篇讲如何控制对方的方法。"钳",古字作"箝",就是紧紧夹住的意思。本篇讲了两种钳制对方的手段:一是"钩"(即"钩钳"),就是用各种办法(包括言辞、重累等)钩出对方的真实思想,然后加以控制。二是"飞"(即"飞钳"),就是远远地把话传给对方,主要是恭维、赞扬的话,从而使对方上钩。总之,本篇的主旨就是强调研究对方的性情、才能、爱好,使对方说出真实思想,然后运用各种手段牢牢控制。

【原文】

　　　凡度权量能,所以征远来近。①立势而制事,
　　必先察同异,别是非之语;②见内外之辞,知有无

之数；③决安危之计，定亲疏之事；④然后乃权量
之。其有隐括，乃可征，乃可求，乃可用。⑤引钩
钳之辞，飞而钳之。⑥钩钳之语，其说辞也，乍同
乍异。⑦其不可善者，或先征之，而后重累；⑧或
先重累，而后毁之；⑨或以重累为毁，或以毁为
重累。⑩其用或称财货、琦玮、珠玉、璧白、采色
以事之。⑪或量能立势以钩之，⑫或伺候见涧而
钳之，⑬其事用抵巇。⑭

【旧注】

①凡度其权略，量其材能，为远作声誉者，所以征远而来近也。谓贤者
　所在，或远或近，以此征来，若燕昭尊隗，即其事也。

②言远近既至，乃立赏罚之势，制能否之事，事势既立，必先察党与之
　同异，别言语之是非。

③外谓浮虚，内谓情实，有无谓道术能否，又必见其情伪之辞，知其能
　否之数。

④既察同异、别是非、见内外、知有无，然后与之决安危之计、定亲疏之
　事，则贤不肖可知也。

⑤权之所以知其轻重，量之所以知其长短。轻重既分，长短既形，乃施
　隐括，以辅其曲直，如此则征之亦可，求之亦可，用之亦可。

⑥钩谓诱致其情，言人之材性，各有差品，故钩钳之辞，亦有等级。故
　引钩钳之辞，内惑而得其情曰钩，外誉而得其情曰飞。得情即钳持
　之，令不得脱移，故曰钩钳，故曰飞钩钳。

⑦谓说钩钳之辞，或捭而同之，或阖而异之，故曰：乍同乍异也。

⑧不可善，谓钩钳之辞所不能动，如此必先命征召之。重累者，谓其人

既至,然后状其材所有,其人既至,然后都状其材术所有,知其所能,人或因此从化者也。

⑨或有虽都状其所有,犹未从化,然后就其材术短者訾毁之,人或过而从之,言不知化者也。

⑩或有状其所有,其短自形,此以重累为毁也。或有历说其短,材术便著,以此毁为重累也。为其人难动,故或重累之,或訾毁之,所以驱诱令从化。

⑪其用,谓其人既从化将用之,必先知其性行好恶,动以财货采色者,欲知其人贪廉也。

⑫量其能之优劣,然后立去就之势,以钩其情,以知智谋。

⑬谓伺彼行事,见其峒而钳持之,以知其勇怯也。

⑭谓以上事,用抵巇之术而为之。

【译文】

　　作为君主,凡是估量别人的权谋、测量别人的才能,都是为了征召远近的人才。要根据不同的人才赋予不同权力,制定相关事宜,就一定要先仔细观察事物的异同,分辨议论的正误;要明见言辞透露的表面浮相和内在真相，了解谋略的有用与无用；要决定关系到国家安危的计策，确立君臣间应有的亲疏关系，即亲贤臣，远小人；然后仔细衡量应召前来者的情况。如果他具有矫时救弊的能力，便征召他，聘请他，重用他。首先把赞扬、引诱的话语远远地传给他，然后稳稳地控制住他。这种引诱控制的话语，在交谈之时要忽而表示相同，忽而表示不合，以便了解对方的真情。如果对方不容易对付的话，有时便先征召他，然后对他委以重任，检验他的才能；有时先让他担负重任，再指摘他的短处。有时，重用是为了指摘他；有时，指摘是为了重用他。在任用人才时，或者用金钱、珍宝、珠玉、美女去试探他是否廉洁；或者根据他的才能使他担负某种职位，考察他是否有智谋；或者抓住他的弱点错误，进一步钳制他。以上办法的具体实施都要用"抵巇之术"。

【原文】

将欲用之于天下，必度权量能，见天时之盛衰，制地形之广狭，岨崄之难易，人民、货财之多少，诸侯之交，孰亲孰疏，孰爱孰憎。[①]心意之虑怀，审其意，知其所好恶，乃就说其所重。以飞钳之辞，钩其所好，以钳求之。[②]

【旧注】

①将用之于天下，谓用飞钳之术，辅于帝王。度权量能，欲知帝王材能可辅成否。天时盛衰、地形广狭、人民多少，又欲知天时、地利、人和，合其泰否。诸侯之交、亲疏爱憎，又欲知从否之众寡。

②既审其虑怀，知其好恶，然后就其所最重者而说之，又以飞钳之辞，钩其所好。既知其所好，乃钳而求之，所好不违，则何说而不行哉。

【译文】

作为一个普通人，要运用飞钳之术游说并辅佐君主治理天下，一定要揣度君主的权谋与能力，观察国家命运的发展趋势，衡量地形的宽窄与险要情况，估算人口和财物的多少，了解与哪个诸侯国亲密友爱，与哪个诸侯国疏远仇恨。还要了解君主心中的想法，然后顺着君主最重视的事情进行游说，传出诱导赞扬的话语，从而抓住他的爱好，牢牢控制住他。

【原文】

用之于人，则量智能、权财力、料气势，为之枢机，以迎之、随之，以钳和之，以意宜之，此飞钳之缀也。①用于人，则空往而实来，缀而不失，以究其辞。可钳而从，可钳而横；可引而东，可引而西，可引而南，可引而北；可引而反，可引而覆。②虽覆能复，不失其度。③

【旧注】

①用之于人，谓用飞钳之术于诸侯也。量智能、料气势者，亦欲知其智谋能否也。枢所以主门之动静，机所以主弩之放发，言既知其诸侯智谋能否，然后立法镇其动静，制其放发，犹枢之于门，机之于弩，或先而迎之，或后而随之，皆钳其情以和之，用其意以宜之。如此则诸侯之权，可得而执，己之恩又得而固，故曰：飞钳之缀也。谓用飞钳之术连于人也。

②用于人，谓以飞钳之术任使人也。但以声誉扬之，故曰：空往，彼则开心露情，归附于己，故曰：实来，既得其情，必缀而勿失，又令敷奏

以言,以究其辞,如此则从横东西,南北反覆,惟在己之钳引,无思不服。

③虽有覆败,必能复振,不失其节度,此钳之终也。

【译文】

运用飞钳之术和别人打交道,就要衡量别人的智慧、才能、气魄,设下控制机关来等候他,追随他,用诱导的话语结交他,揣度他的想法,叫他满意。这便是飞钳术中的牵制手段。在和别人打交道时,放出空泛的赞扬之辞,使对方说出真情,收到实效;然后紧跟不放,研究他话语中的真意。这样,便牢牢控制住他。可以引他直走,也可以引他横走;可以引他向东,也可以引他向西;可以引他向南,也可以引他向北;可以引他往回走,也可以引他走到反面。即使有时失败,也可以恢复主动,不会失去控制手段。

忤合第六①

【旧注】

①大道既隐,正道不得,坦然而行,故将合于此,必忤于彼,令其不疑,
然后可行其意,即伊、吕之去就是也。

【题解】

本篇讨论的是纵横游说之士的归宿问题,也就是如何选择君主以从政的问题。"忤",含义是抵触、违背心愿。"忤"的结果就是"悖反",即彼此思想不合而背离。"合",含义是闭合、符合、适合。选择计谋相合的对象,使彼此亲密无间,就是"趋合"。"忤"与"合"是趋向相反的对立面。"忤合",也相当于"去就"、"离合"、"背向"。

【原文】

凡趋合倍反,计有适合。①化转环属,各有形势,反覆相求,因事为制。②是以圣人居天地之间,立身、御世、施教、扬声、明名也,必因事物之会,观天时之宜,因之所多所少,以此先知之,与之转化。③世无常贵,事无常师。④圣人常为,无不为;所听,无不听。⑤成于事而合于计谋,与之为主。⑥合于彼而离于此,计谋不两忠。⑦必有反忤:反于是,忤于彼;忤于此,反于彼。⑧

【旧注】

①言趋合倍反,虽参差不齐,然后施之计谋,理乃适合。

②言倍反之理,随化而转,如连环之属。然其去就,各有形势,或反或覆,理自相求,莫不因彼事情,为之立制也。

③所多所少,谓政教所宜多所宜少也。既知多少所宜,然后为之增减,故曰:以此先知,谓用倍反之理知之也。转化,谓转变以从化也。

④能仁为贵,故无常贵;立善为师,故无常师。

⑤善必为之,故无不为;无稽之言不听,故无所(不)听。

⑥于事必成,于谋必合,如此者与众立之,推以为主也。

⑦合于彼,必离于此,是其忠谋不得两施也。

⑧既不两忠,宜行反忤之术。反忤者,意欲反合于此,必行忤于彼。忤者,设疑其事,令昧者不知觉其事也。

【译文】

无论意见相合而遇合,或是意见相反而背离,都要有恰当合适的计谋。事物的变化运转,就像圆环一样滚动,各自形成不同的形势。因此,人们要反复从正反两面仔细研究,根据不同的形势确定不同的处理办法。所以,圣人生活在天地之间,立身处世,实施教化,弘扬名声,阐明名分,都一定要抓住事物发展的关键,观察社会的发展趋势,了解国家哪些方面有余,哪些方面不足,根据这一切预先了解的情况,促使事物变化运转。世上没有什么永恒的高贵,做事情也没有什么可以永远效仿的榜样。圣人经常办事,没有什么该做的事不做;圣人听取各种情况,没有什么该听的情况不听。如果料定哪位君主能够成就大业,又与之计谋相合,就选择他作为自己的君主,为他谋划大事。自己与一方遇合,必然会背离另一方,因此计谋不可能对双方都忠诚。

所以必须有"反忤之术"：顺从这方的利益，就必然违背那方的利益；违背这方的利益，就必然顺从那方的利益。

【原文】

　　其术也，用之天下，必量天下而与之；用之于国，必量国而与之；用之于家，必量家而与之；用之于身，必量身材能气势而与之。大小进退，其用一也。[①]必先谋虑，计定而后行之以飞钳之术。[②]

【旧注】

[①] 用之者，谓反忤之术。量者，谓其事业有无。与，谓与之亲。凡行忤者，必称其事业所有而亲媚之，则暗主无从而觉，故得行其术也。所行之术，虽有大小进退之异，然而至于称事扬亲则一，故曰：其用一也。

[②] 将行反忤之术，必须先定计谋，然后行之，又用飞钳之术以弥缝之。

【译文】

实行这种"反忤之术",如果运用到天下,一定要衡量天下的大势再决定顺从谁;如果运用到诸侯国,一定要衡量各国的情况再决定顺从谁;如果运用到大夫的封地,一定要衡量封地的情况再决定顺从谁;如果运用到个人,一定要衡量个人的才能、气魄再决定怎么办。无论对象的大小或策略的进退,运用的原则都是一致的。一定先要谋划考虑,确定何去何从,然后用"飞钳之术"来实现目标。

【原文】

古之善背向者,乃协四海,包诸侯,忤合之地而化转之,然后以之求合。①故伊尹五就汤,五就桀,而不能有所明,然后合于汤。吕尚三就文王,三入殷,而不能有所明,然后合于文王。②此知天命之钳,故归之不疑也。③非至圣达奥,不能御世;不劳心苦思,不能原事;不悉心见情,不能成名;材质不惠,不能用兵;忠实无真,不能知人。故忤合之道,已必自度材能知睿,量长短远近孰不如,④乃可以进,乃可以退;乃可以从,乃可以横。⑤

【旧注】

①言古之深识背向之理者,乃合同四海,兼并诸侯,驱置忤合之地,然后设法变化而转移之,众心既从,乃求其真主,而与之合也。

②伊尹、吕尚所以就桀、纣者,以忤之令不疑。彼既不疑,然后得合于其真主矣。

③以天命系于殷汤文王,故二臣归二主不疑也。

④夫忤合之道,不能行于胜己,而必用之于不我若,故知谁不如,然后
　行之也。

⑤既行忤合之道于不如己者,则进退纵横,唯吾所欲耳。

【译文】

　　古代善于选择向背去留的人,常常驾驭四海之内的各家势力,控制各方诸侯,然后在不同的势力之间不断变化,最终选择适合的圣贤君主,与他亲密合作。所以,商朝的开国贤臣伊尹,五次臣服商汤,五次臣服夏桀,他的向背去留一直没有昭示于人,却最终选择与商汤亲密合作;周朝的开国元勋吕尚,三次臣服文王,三次进入殷商国都,他的向背去留一直没有明示于世人,最后才选择周文王,君臣亲密合作。他们在活动中明白了天命的归向,所以最后毫无疑虑地投向了明主。如果不具备高尚的道德和超人的智慧,便不能治理天下;如果不劳心苦思,便不能探究事物的本原;如果不全神贯注地观察实情,便不能成就美名;如果材质不聪明,便不能用兵;如果为人老实而无真知灼见,便不可能了解人。所以要实行"忤合之道",决定背离谁与归向谁,一定先要衡量自己的才能智慧,度量自身的优劣长短,估量一下在计谋方面谁赶不上自己。这样做了,就可以进取,可以隐退,可以东西连横,可以南北合纵,一切活动自如。

揣第七

【题解】

本篇论述游说之士如何揣测游说对象的客观条件与主观思想。"揣"的意思是揣测、探求。揣测的内容包括两个方面：一是"量权"，即衡量对象的权势实力（如：诸侯国的自然条件与政治经济形势）；二是"揣情"，即揣测对象的思想动态。两者比较，"量权"是衡量客观条件，有形可见，比较容易；"揣情"是揣测主观心理，它是无形的，可能隐藏很深，比较困难。因此，本篇以"揣情"作为论述的重点。

【原文】

古之善用天下者，必量天下之权，而揣诸侯之情。量权不审，不知强弱轻重之称；揣情不审，不知隐匿变化之动静。

【译文】

古代善于治理天下的人，一定要衡量天下的发展趋势，揣测各诸侯的真实心情。如果不能周密、切实地审时度势,就不了解各国强弱虚实的差别;如果不能周密、切实地揣测各诸侯的真实心情,就不了解隐蔽和变化的状况。

【原文】

何谓量权? 曰:度于大小,谋于众寡;称货财之有无,料人民多少、饶乏,有余不足几何? 辨地形之险易,孰利、孰害? 谋虑,孰长、孰短? 揆君臣之亲疏,孰贤、孰不肖? 与宾客之智睿,孰少、孰多? 观天时之祸福,孰吉、孰凶? 诸侯之亲,孰用、孰不用? 百姓之心,去就变化,孰安、孰危,孰好、孰憎? 反侧,孰便、孰知? 如此者,是谓量权。①

【旧注】

①天下之情,必见于权也。善修量权,其情可得而知之。知其情而用之者,何适而不可哉!

【译文】

什么叫衡量天下大势呢? 答案是: 估量并思考情况的大小和多少。包括衡量和计算:有没有财物? 人民有多少? 贫富状况怎样? 哪些方面有余,哪些方面不足? 还要分辨比较:地形险峻还是平坦? 哪里地形有利,哪里地形不利? 哪一国善于谋划,哪一国不善谋划? 君臣间的关系,哪一国君主亲近贤人疏远小人,哪一国君主亲近小人疏远贤人? 哪一国的门客足智多谋,哪一国的门客缺少智谋? 还要观察天命,即观察国家命运的发展趋势,谁有祸,谁有福,谁凶,谁吉?观察诸侯间的关系,谁有可靠的盟国,可与之交好;谁没有可依靠的盟国,不能利用?观察民心向背及变化情况,哪国民心安定,哪国民心不稳?谁被人民热爱,谁被人民憎恶?活动起来,哪里方便灵活,哪里情况熟悉?了解以上一切,便叫做衡量天下大势。

【原文】

揣情者,必以其甚喜之时,往而极其欲也;其有欲也,不能隐其情。必以其甚惧之时,往而极其恶也;其有恶者,不能隐其情。情欲必出其变。[①]感动而不知其变者,乃且错其人,勿与语,而更问其所亲,知其所安。[②]夫情变于内者,形见于外。故常必以其见者而知其隐者。此所谓测深揣情。[③]

【旧注】

①夫人之性，甚喜则所欲著，甚惧则所恶彰，故因其彰著，而往极之，恶、欲既极，则其情不隐，是以情欲因喜惧之变而失也。

②虽因喜惧之时，以欲恶感动，尚不知其变。如此者，乃且置其人，无与之语，徐徐更问斯人之所亲，则其情欲、所安可知也。

③夫情貌不差。内变者，必见外貌，故常以其外见而知其内隐。观色而知情者，必用此道，此所谓测深揣情也。

【译文】

揣测对方的真实心情，应当在他最高兴的时候，前去会见他，最大限度地刺激他的欲望，因为他被欲望蒙蔽，便不能隐蔽真情；应当在对方最担心的时候，前去会见他，最大限度地诱发他想起所憎恶的对象，因为他为憎恶所激动，便不能隐蔽真情。应当了解对方感情欲望的变化。如果触动了对方的感情，但还是摸不清他的变化，便暂且放开对方，不与他交谈，转而去询问他亲近的人，从而了解到他不为所动的原因。内心发生感情变化，一定会在外部形态上表现出来。所以，一定要经常从外部表现出来的形态去深入了解内心隐藏的思想感情。这就是所谓的揣测内心深处的思想感情。

【原文】

故计国事者，则当审权量；说人主，则当审揣情。谋虑情欲，必出于此。①乃可贵，乃可贱；乃可重，乃可轻；乃可利，乃可害；乃可成，乃可败。其数一也。②故虽有先王之道，圣智之谋，非揣情隐匿无可索之。此谋之大本也，而说之

法也。^③常有事于人，人莫能先；先事而至，此最
难为。^④故曰揣情最难守司，言必时其谋虑。^⑤
故观蜎飞蠕动，无不有利害，可以生事美。生事
者，几之势也。^⑥此揣情饰言成文章而后论之。^⑦

【旧注】

①审权量，则国事可计；审揣情，则人主可说。至于谋虑、情欲，皆揣而
　后行，故曰：谋虑情欲，必出于此也。

②言审于揣术，则贵贱成败，惟己所制，无非揣术所为，故曰：其数一也。

③先王之道、圣智之谋，虽弘旷玄妙，若不兼揣情之术，则彼之隐匿，从
　何而求之？然则揣情者，乃成谋之本，而说之法制也。

④挟揣情之术者，必包独见之明，故有事于人，人莫能先也。又能穷几
　尽变，故先事而至，自非体玄极妙，则莫能为此矣。故曰：此最难为
　者也。

⑤人情，险于山川，难于知天。今欲揣度而守司之，不亦难乎！故曰：
　揣情最难守司，谋虑出于人情，必当知其时节，此其所以最难也。

⑥蜎飞蠕动，微虫耳，亦犹怀利害之心。故顺之则喜悦，逆之则勃怒，
　况于人乎！况于鬼神乎！是以利害者，理所不能无；顺逆者，事之所
　必行。然则顺之招利，逆之致害，理之常也。观此可以成生事之美。
　生事者，必审几微之势，故曰：生事者，几之势也。

⑦言既揣其情，然后修饰言语以道之，故说辞必使成文章，而后可论也。

【译文】

　　所以谋划国家大事的人，一定要仔细地衡量天下大势；要游说君
主，就一定要周详地揣测他真实的思想感情。一切计谋和愿望，都必

须通过这种揣测之术。能够用好揣情之术，就可以使人显贵，也可以使人低贱；可以使人被重用，也可以使人被轻视；可以使人获利，也可以使人受害；可以使人成功，也可以使人失败。这一切都是因为用好了揣情之术的结果。所以说，即使有先王的治国方法，有圣人智者的谋略，如果不能揣测真情的话，也无法寻求到那隐蔽的东西。可见，这揣情之术是谋略的根本，是游说的法则。善于揣测的人，经常与别人接触谋事，却没有谁能够比他更早地事先准备好，这是最难办到的。所以说，揣情是最难掌握的，游说必须深谋远虑地选择时机。即使是昆虫飞行、蠕动这样微小的事情，也都包含着利害关系，可以影响事物的发展变化。任何事情刚刚开始之时，往往是几微的势态。实行这揣情之术的人，就必须根据这种细微势态修饰言辞，使之富于文采，然后再进行游说。

摩第八

【题解】

《摩》篇是《揣》篇的姊妹篇。本篇开宗明义就说："摩者,揣之术也。"说明"摩"是"揣"的方法、手段。揣摩之术,是战国纵横家的主要游说手段。揣、摩两字,既有联系,又有区别。揣,重在揣测对方的主客观情况;摩,重在触摸、接触,在接触中试探对方,尽力顺从对方的心意,以求亲密无间。

【原文】

摩者,揣之术也。内符者,揣之主也。①用之有道,其道必隐。②微摩之以其所欲,测而探之,内符必应;其应也,必有为之。③故微而去之,是谓塞窌匿端、隐貌逃情,而人不知,故能成其事而无患。④摩之在此,符之在彼,从而应之,事无不可。⑤

【旧注】

①谓揣知其情,然后以其所欲摩之,故摩为揣之术。内符者,谓情欲动于内,而符验见于外。摩者,见外符而知内情,故曰:内符为揣之主也。

②揣者所以度其情慕,摩者所以动而内符。用揣摩者,必先定其理,故

曰：用之有道。然则以情度情，情本潜密，故曰：其道必隐也。

③言既揣知其情所趋向，然后以其所欲，微而摩之，得所欲而情必动。又测而探之，如此则内符必应。内符既应，必欲为其所为也。

④君既有所为，事必可成，然后从之。臣事贵于无成有终，故微而去之尔。若已不同此计，令功归于君，如此可谓塞窍、匿端、隐貌、逃情，情逃而窍塞，则人何从而知之？人既不知所以，息其所憎妒，故能成事而无患也。

⑤此摩甚微，彼应自著。观者但睹其著而不见其微。如此用之，功专在彼，故事无不可也。

【译文】

接触试探是揣测的方法。对方行为的内在心理，是揣测的主要内容。接触试探他人是有方法的，这种方法就是必须隐秘。顺着对方的欲望而微妙地试探他，他内心的真实想法就一定会以相应的形式反映出来；一旦对方的真实想法反映出来，必定要有所作为。在事情取得成功之后，自己便要有意而微妙地保持距离，这叫作"堵塞漏洞"、"隐瞒端绪"、"隐藏外貌"、"掩饰真情"，使别人不了解内幕。这样既可以使事业成功又不会带来祸患。自己接触试探君主，让君主表露真情，言听计从地主动采取行动，便没有什么事业办不成功。

【原文】

　　古之善摩者，如操钩而临深渊，饵而投之，必得鱼焉。故曰：主事日成，而人不知；主兵日胜，而人不畏也。①圣人谋之于阴，故曰神；成之于阳，故曰明。^②所谓主事日成者：积德也，而民安之，不知其所以利；积善也，而民道之，不知其所以然；而天下比之神明也。^③主兵日胜者，常战于不争不费，而民不知所以服，不知所以畏，而天下比之神明。^④

【旧注】

①钓者露饵而藏钩，故鱼不见钩而可得；贤者观功而隐摩，故人不知摩而自服。故曰：主事日成，而人不知也。兵胜由于善摩，摩隐则无从而畏，故曰：主兵日胜，而人不畏也。

②潜谋阴密，日用不知，若神道之不测，故曰：神也。功成事遂，焕然彰著，故曰：明也。

③圣人者，体道而设教，参天地而施化，韬光晦迹，藏用显仁，故人安德而不知其所利，从道而不知其所以然，故比之神明。

④善战者，绝祸于心胸，禁邪于未萌，故以不争为战。师旅不起，故国用不费。至德潜畅，玄风遐扇，功成事就，百姓皆得自然，故不知所以服，不知所以畏，比之于神明。

【译文】

　　古代善于揣摩试探的人，就好像拿着鱼钩蹲在深渊旁边，装上钓饵，投到水中，就一定能够钓到鱼。所以说，这种人主持政事每天都有成绩但别人并不知道，指挥战争每天都会胜利但别人并不害怕。圣人便是这样在隐秘中谋划，所以被称为"神妙"；他的成绩人人都能看到，所以叫作"圣明"。所谓主持政事每天都有成绩，表现在他积累德政，人民安居乐业，却不知谁给了他们利益；他积累善政，人人都遵循照做,却不知为什么要这样做。所以,天下的人都把他比作神明。所谓指挥战争每天都有胜利,表现在:他经常不战而胜,不耗费资财,老百姓不知道为什么归服他,为什么害怕他。所以,天下的人都把他比作神明。

【原文】

其摩者,有以平,有以正;有以喜,有以怒;有以名,有以行;有以廉,有以信;有以利,有以卑。[①]平者,静也;正者,直也;喜者,悦也;怒者,动也;名者,发也;行者,成也;廉者,洁也;信者,明也;利者,求也;卑者,谄也。[②]故圣人所以独用者,众人皆有之;然无成功者,其用之非也。[③]

【旧注】

①凡此十者,皆摩之所由而发。言人之材性参差,事务变化,故摩者亦消息虚盈,因几而动之。

②名贵发扬,故曰发也。行贵成功,故曰成也。

③言上十事,圣人独用以为摩,而能成功立事,然众人莫不有,所以用之非道,不能成。

【译文】

圣人在揣摩试探时,根据不同对象采用不同方法。有时平和,有时正直;有时使人欢喜,有时使人发怒;有时使用名声,有时采取行动;有时讲廉洁,有时讲诚实;有时讲利益,有时讲谦卑。平和就是镇静的意思,正直就是直率的意思;欢喜就是让他高兴,发怒就是让他激动;

使用名声是为了启发他，采取行动是为了促进他；讲廉洁是为了保持高洁，讲信用是为了明白真情；讲利益是为了让他有所追求，讲谦卑是为了迎合对方。圣人所独自使用的这些术数并不神秘，普通人都可以使用；但是，普通人没有取得成功的原因就在于使用的方法不正确。

【原文】

故谋莫难于周密，说莫难于悉听，事莫难于必成。此三者，唯圣人然后能任之。^①故谋必欲周密，必择其所与通者说也。故曰：或结而无隙也。^②夫事成必合于数，故曰：道、数与时相偶者也。^③说者听，必合于情，故曰：情合者听。^④故物归类：抱薪趋火，燥者先燃；平地注水，湿者先濡。此物类相应，于势譬犹是也。此言内符之应外摩也如是。^⑤故曰：摩之以其类，焉有不相应者；乃摩之以其欲，焉有不听者？故曰"独行之道"。^⑥夫几者不晚，成而不抱，久而化成。^⑦

【旧注】

①谋不周密，则失几而害成；说不悉听，则违顺而生疑；事不必成，则止赍而有废。皆有所难能。任之而无难者，其唯圣人乎！

②为通者说谋必虚受，如受石投水，开流而纳泉，如此则何隙而可得？故曰：结而无隙也。

③夫谋成必先考合于术数，故道、术、时三者相偶合，然后事可成而功业可立也。

④进说而能令听者,其唯情合者乎?

⑤言内符之应外摩,得类则应,譬犹水流就湿、火行就燥也。

⑥善于摩者,其唯圣人乎! 故曰独行之道者也。

⑦见几而作,何晚之有;功成不拘,何抱之久。行此二者,可以化天下。

【译文】

　　所以说,谋略最难的在于周密,游说最难的是使对方完全听从,办事最难达到的是一定要取得成功。以上三者,只有圣人才能够全部做到。要想谋略周密,必须选择与自己志同道合的人士谋划,这就叫作结交紧密而没有分歧。要想办事成功,必须符合术数(指揣摩之术),这就叫作道理、术数和时机三者相互配合。要想游说使人听从,必须与对方思想感情相合,这就叫作感情相合便言听计从。世界上的事物都以类而聚:把柴抛进火中,干燥的柴首先着火燃烧;在平坦的地面倒水,湿润的地方首先渗水。物类互相应和,在形势上必然如此。所以,在外部揣摩试探,必然得到内心相同的应和,就好像物类互相应和一样。所以说,用同类的想法去揣摩试探,哪有不相呼应的呢? 顺着他的欲望去揣摩试探,哪有不听从的呢? 因此说揣摩试探之术是唯一能通行的方法。总之,见到事物的细微迹象便毫不迟疑地采取行动,不坐失良机;事情成功了却不保守居功。长久地实行这种办法,可以达到出神入化的地步。

权第九

【题解】

　　权，本义是秤锤，引申为衡量、变化。"权"在本篇中的意义是：对游说之辞要反复衡量，要善于变化。本篇的主旨是：要根据游说对象的特点而反复衡量、修饰游说的言辞，以达到游说的目的。

【原文】

　　　　说者，说之也；说之者，资之也。①饰言者，假之也；假之者，益损也。②应对者，利辞也；利辞者，轻论也。③成义者，明之也；明之者，符验也。④难言者，却论也；却论者，钓几也。⑤

【旧注】

①说者，说之于彼人也；说之者，有资于彼人也。资，助也。

②说者，所以文饰言辞，但假借以求入于彼，非事要也。亦既假之，须有损益，故曰：假之者损益之谓也。

③谓彼有所问，卒应而对之者，但便利辞也。辞务便利，故所论之事自然利辞，非至言也。

④核实事务以成义者，欲明其真伪也。真伪既明，则符验自著，故曰：明之者，符验也。

⑤言或不合，反覆相难，所以却论前事也。却论者，必理精而事明，几

微可得而尽也。故曰:却论者钓几也。求其深微曰钓也。

【译文】

　　游说,就是说服对方;说服对方,是为了凭借他的力量做一番事业。修饰言辞是为了借助言辞的力量去说服人;借助言辞的力量,必然要对言辞增减剪裁,以迎合对方心理。应答别人的言辞必须流利;流利的言辞就是轻便灵活地讨论问题。言辞要义理充足,阐述明白;阐述明白了,还要用事实来验证。诘难的言辞就是反驳别人的意见;反驳的目的,是为了引诱对方说出心中隐藏的打算。

【原文】

　　　　佞言者,谄而于忠;①谀言者,博而于智;②平言者,决而于勇;③戚言者,权而于信;④静言者,反而于胜。⑤先意成欲者,谄也;繁称文辞者,博也;策选进谋者,权也;纵舍不疑者,决也;先分不足而窒非者,反也。⑥

【旧注】

①谄者,先意承欲,以求忠名,故曰谄而于忠也。

②博者,繁称文辞以求智名,故曰博而于智。

③决者,纵舍不疑以求勇名,故曰决而于勇。

④戚者,忧也。谓象忧戚而陈言也。权者,策选进谋,以求信名,故曰权而于信。

⑤静言者,谓象清静而陈言。反者,先分不足以窒非,以求胜名,故曰反而于胜。

⑥己实不足,不自知而内讼,而反攻人之过,窒他谓非,如此者反也。

【译文】

使用奸佞的言论,是为了讨好对方,显示出自己的忠诚;使用阿谀的言论,是为了炫耀自己的渊博,显示出自己的智慧;使用平实的言论,是为了处事果决,而显示自己的勇敢;使用忧戚的言论,是为了权衡局势,而显示出自己的真诚;使用平静的言论,是为了冷静分析原来的不足,以图取得胜利。所谓"谄媚",是预先揣摩到对方的意愿,顺承他的欲望,以博取其欢心;所谓"渊博",是指堆砌辞藻,以炫耀自己;所谓"权变",是指善于选择谋略,然后进言;所谓"果决",是说话时斩钉截铁,对放任什么或舍弃什么都毫不犹豫地表示态度;所谓"反",就是转变到反面,改正原来的不足,堵塞错误,以图取胜。

【原文】

故口者,几关也,所以闭情意也。①耳目者,心之佐助也;所以窥间见奸邪。②故曰:参调而应,利道而动。③故繁言而不乱,翱翔而不迷,变

易而不危者,观要得理。④故无目者不可示以五
色,无耳者不可告以五音。⑤故不可以往者,无
所开之也;不可以来者,无所受之也。物有不
通者,故不事也。⑥古人有言曰:"口可以食,不
可以言。"言者,有讳忌也。⑦众口铄金,言有曲
故也。⑧

【旧注】

①口者,所以发言语,故曰:口者,机关也。情意宜否,在于机关,故曰:
　所以关闭情意也。

②耳目所以助心通理,故曰:心之佐助也。心得耳目,即能窥见间隙,
　见彼奸邪,故曰窥间见奸邪。

③耳、目、心三者调和而相感应,则动必成功,吉,无不利。其所无不利
　者,则以顺道而动,故曰参调而应、利道而动也。

④苟能睹要得理,便可曲成不失。虽繁言纷葩不乱,翱翔越道而不迷,
　变易改常而不危也。

⑤五色为有目者施,故无目不可得而示其五色;五音为有耳者作,故无
　耳不可得而告其五音。此二者,为下文分也。

⑥此不可以往说于彼者,为彼暗滞,无所可开也;彼所不来说于此者,
　为此浅局,无所可受也。夫浅局之与暗滞,常闭塞而不通,故圣人不
　事也。

⑦口食可以肥百体,故可食也;口言或可以招百殃,故不可以言也。言
　者触忌讳,故曰有忌讳也。

⑧金为坚物,众口能铄之,则以众口有私曲故也。故曰言有曲故也。

【译文】

　　嘴巴是各种隐秘情感的门闩，要守口以保护思想感情的机密。耳朵和眼睛是心的辅佐器官，能够用以窥探事物的间隙，发现奸邪的人或事。所以说，耳朵、眼睛、心三者要调和呼应，选择有利的途径后行动。这样便能做到：用一些繁琐的语言也不会发生混乱，自由驰骋地议论也不会迷失方向，改变议论主题也不会发生失利的危险。这是因为看清了事物的要领，把握了事物的规律。没有视力的人，没有办法向他展示五彩颜色；没有听力的人，没有办法跟他讲音乐上的感受。因此，有些人是无法与之交往的。他或者思想闭塞，不可能开通；或者心胸狭隘，不可能接受。这种闭塞不通的人，是不必理会的。古人说过："嘴巴可以吃东西，却不可随便说话。"这是说，语言往往有忌讳。众口铄金，人们说话往往会由于私心而歪曲真相。

【原文】

　　　　人之情，出言则欲听，举事则欲成。①是故智者不用其所短，而用愚人之所长；不用其所拙，而用愚人之所工，故不困也。②言其有利者，从其所长也；言其有害者，避其所短也。③故介虫之捍也，必以坚厚；螫虫之动也，必以毒螫。
故禽兽知用其长，而谈者亦知用其用也。④

【旧注】

①可听在于合彼，可成在于顺理。此为下起端也。

②智者之短，不胜愚人之长，故用愚人之长也；智者之拙，不胜愚人之
　工，故用愚人之工也。常能弃拙短而用工长，故不困也。

③人能从利之所长，避害之所短，故出言必见听，举事必有成功也。

④言介虫之捍也，入坚厚以自藏，螫虫之动也，行毒螫以自卫，此用其
　所长也，故能自免于害。至于他鸟兽，莫不知用其长以自保全。谈
　者感此，亦知其所长而用之也。

【译文】

　　一般人的常情，说出话来总希望别人听从，干什么事都想取得成
功。因此，聪明人宁可使用愚人的长处，绝不使用自己的短处；宁可使
用愚人的巧妙处，绝不使用自己的笨拙处。这样，他就不会陷入困难
境地。说出对方的有利条件，是为了发挥他的长处；说出对方的有害
因素，是为了避开他的短处。所以，有甲壳的动物在捍卫自己时，一定
凭借又坚又厚的甲壳；有毒螫的昆虫在活动时，一定使用毒螫刺伤对
方。可见，禽兽也懂得要使用自己的长处，游说的人当然应该懂得使
用自己该使用的长处。

【原文】

　　故曰辞言有五：曰病、曰怨、曰忧、曰怒、曰
喜。①故曰：病者，感衰气而不神也；②怨者，肠绝

而无主也；③忧者，闭塞而不泄也；④怒者，妄动
而不治也；⑤喜者，宣散而无要也。⑥此五者精则
用之，利则行之。⑦

【旧注】

①五者有一，必失中和，而不平畅。

②病者恍惚，故气衰而不神也。

③怨者内动，故肠绝而言无主也。

④忧者快悒，故闭塞而言不泄也。

⑤怒者郁勃，故妄动而言不治也。

⑥喜者摇荡，故宣散而言无要也。

⑦此五者，既失于平常，故用之在精而行之在利；其不精利，则废而止
  之也。

【译文】

　　应对的言辞，可按表情分为五类：一类是病言，二类是怨言，三类
是忧言，四类是怒言，五类是喜言。病言是气息衰弱而没有精神的语
言；怨言是伤心到极致而没有主见的语言；忧言是感情抑郁而不顺畅
的语言；怒言是胡乱发泄而没有条理的语言；喜言是尽情诉说，散漫而
没有要点的语言。这五种言辞，要精通了才能适当应用，在情况有利
时才能实行。

【原文】

　　　　故与智者言，依于博；与拙者言，依于辨；
　　与辨者言，依于要；与贵者言，依于势；与富者

言，依于高；与贫者言，依于利；与贱者言，依于谦；与勇者言，依于敢；与过者言，依于锐。此其术也，而人常反之。①是故与智者言，将以此明之；与不智者言，将以此教之。而甚难为也。②故言多类，事多变。③故终日言，不失其类，而事不乱。④终日不变，而不失其主。故智贵不妄。⑤听贵聪，智贵明，辞贵奇。⑥

【旧注】

①此量宜发言之术也。不达者反之，则逆理而不免于害也。

②与智者语，将以其明斯术；与不智者语，以此术教之。然人迷惘日久，教之不易，故难为也。

③言者条流舛杂，故多类也。事则随时而化，故多变也。

④若言不失类，事亦不乱。

⑤不乱故不变，故其主有常。能令有常而不变者，智之用也。故其智可贵而不妄。

⑥听聪则真伪不乱，知明则可否自分，辞奇则是非有证。三者能行，则功成事立，故须贵之。

【译文】

所以，对聪明人说话，要显得渊博；对笨拙人说话，要清楚易懂；跟能言善辩的人说话，要简单扼要；跟有地位的人说话，要有恢宏的气势；跟有钱的人说话，要显得高雅廉洁；跟贫穷的人说话，要讲究实际利益；跟地位低的人说话，要注意谦逊；跟勇敢的人说话，要果敢决断；跟有过失的人说话，要直率尖锐。这便是说话的艺术，但一般人常常违反了这个规律。所以,与聪明的人谈话,就要让他们明白这些方法;与不聪明的人谈话,就要把这些方法教给他,而这样做是很困难的。游说辞令有许多类,所说之事又随时变化。如果整天游说,能不脱离原则,事情就不会出乱子。如果一天从早到晚不变更方向,就不会违背宗旨。所以最重要的是不妄加评论。听话贵在听得真切,智慧贵在通达,言辞贵在奇妙。

谋第十

【题解】

谋，就是谋略。本篇与《权》篇是姊妹篇，故人们往往"权"、"谋"并提。这两篇各有侧重，《权》篇主要讨论仔细衡量游说对象，《谋》篇主要讨论如何讲究谋略，出谋划策。

【原文】

为人凡谋有道，必得其所因，以求其情。^①审得其情，乃立三仪。三仪者，曰上、曰中、曰下。参以立焉，以生奇。奇不知其所拥，始于古之所从。^②故郑人之取玉也，载司南之车，为其不惑也。夫度材、量能、揣情者，亦事之司南也。故同情而俱相亲者，其俱成者也；同欲而相疏者，其偏成者也。^③同恶而相亲者，其俱害者也；同恶而相疏者，偏害者也。^④故相益则亲，相损则疏，其数行也。此所以察异同之分，其类一也。^⑤故墙坏于其隙，木毁于其节，斯盖其分也。^⑥故变生事，事生谋，谋生计，计生议，议生说，说生进，进生退，退生制，因以制于事。⑦

故百事一道，而百度一数也。⑧

【旧注】

①得其所因，则其情可求。见情而谋，则事无不济。

②言审情之术，必立上智、中才、下愚，三者参以验之，然后奇计可得而生。奇计既生，莫不通达，故不知其所拥蔽。然此奇计，非自今也，乃始于古之顺道而动者，盖从于顺也。

③诸同情欲，共谋立事。事若俱成，后必相亲；若乃一成一害，后必相疏。理之常也。

④同恶，谓同为彼所恶。后若俱害，情必相亲；若乃一全一害，后必相疏。亦理之常也。

⑤同异之分，用此而察。

⑥墙、木之毁，由于隙、节，况于人事之变，生于同异。故曰：斯盖其分。

⑦言事有本根，各有从来。譬之卉木，因根而有枝条花叶。故曰：变隙，然后生于事业；生事业者，必须计谋；成计谋者，必须议说；议说者，必有当否，故须进退之。既有黜陟，须事以为法。

⑧而百事百度，何莫由斯而至，其道数一也。

【译文】

凡是为人家谋划事情，都有规律，那就是一定要弄清缘由，以便研究实情。周详地了解到实情之后，便设立三类标准来区分计谋的等级。三个等级就是：上等、中等和下等。三个等级确定之后，便可反复斟酌而定出奇计。奇计没有什么能够阻挡，从古至今都是如此。所以，郑国人进山采玉的时候，一定要驾上司南车，便是为了不迷失方向。那么，度量别人的才干、能力，揣摩他的真情，也就是办事的司南车。凡是起始欲望相同而最后互相亲近的人，是因为事后双方都从中获利；凡是开始欲望相同而最后互相疏远的人，是因为事后只有一方获利。凡是同时被人憎恶而互相亲近的人，是因为双方都受到了损害；凡是同时被人憎恶而互相疏远的人，是因为只有一方受到损害。所以说，相互有利就要亲近，相互损害就要疏远，这是事之常理，也是审查同异分界的根本办法。因此，墙壁通常因为有裂缝才倒塌，树木通常因为有节疤而折毁，同异会导致人事之变，隙、节能够导致墙、木之毁，这是理所当然的。事态是从事物的自身变化中产生出来的。发现事态，就要加以谋略；要谋略，就必须计划考虑；计划考虑，就必须商讨议论；商讨议论就产生了游说的言辞；游说是为了进取；有进取，就有退却；退却，就要有节制。因而要使用节制的办法来处理事情。可见，百种事情，同一个道理；百种计算，同一个规律。

【原文】

　　夫仁人轻货，不可诱以利，可使出费；勇士轻难，不可惧以患，可使据危；智者达于数，明于理，不可欺以不诚，可示以道理，可使立功——是三才也。①故愚者易蔽也，不肖者易惧也，贪者易诱也。——是因事而裁之。②故为强者，积于弱也；为直者，积于曲也；有余者，积于不足也。——此其道术行也。③

【旧注】

①使轻货者出费，则费可全；使轻难者据危，则危可安；使达数者立功，

则功可成。总三材而用之,可光耀千里,岂独十二乘而已。

②以此三术,取彼三短,可以立事、立功也。谋者因事兴虑,宜知之而裁之。故曰因事而裁之。

③柔弱胜于刚强,故积弱可以胜强;大直若曲,故积曲可以为直;少则得众,故积不足可以为有余。然则,以弱为强,以曲为直,以不足为有余,斯道术之所行。故曰道术行也。

【译文】

品德高贵的人轻视财物,不能用利益诱惑他,却可以叫他拿出财物;勇敢的人不怕危难,不能用祸患吓住他,却可叫他镇守险要的地方;聪明的人通达事理,不可用诡计欺骗他,可向他讲明道理,使他建立功业。——这是三种不同类型的人才。愚蠢的人容易蒙蔽,不成才的懦弱者容易被吓住,贪婪的人容易被诱惑。——这是因人而采用不同的裁处方法。强大,是从弱小开始而一点点积累起来的;笔直通行,是从弯曲开始而一点点积累起来的;有余,是从不足开始而一点点积累起来的。这是由于实行道术的结果。

【原文】

故外亲而内疏者,说内;内亲而外疏者,说外。①故因其疑以变之,因其见以然之;②因其说以要之,因其势以成之,③因其恶以权之,因其患以斥之。④摩而恐之,高而动之;⑤微而正之,符而应之。⑥拥而塞之,乱而惑之。——是谓计谋。⑦计谋之用,公不如私,私不如结;结而无隙者也。⑧正不如奇;奇流而不止者也。⑨故说人主者,必与之言奇;说人臣者,必与之言私。⑩

【旧注】

①外阳相亲,而内实疏者,说内以除其内疏;内实相亲,而外阳疏者,说外以除其外疏也。

②若内外无亲而怀疑者,则因其疑而变化之;彼或因见而有所见,则因其所见而然之。

③既然见彼或有可否之说,则因其说要结之;可否既形,便有去就之势,则因其势以成就之。

④去就既成,或有恶患,则因其恶也为权量之,因其患也为斥除之。

⑤患恶既除,或恃胜而骄者,便切摩以恐惧之,高危以感动之。

⑥虽恐动之,尚不知变者,则微有所引据以证之,为设符验以应之。

⑦虽有为设引据、符验,尚不知变者,此则惑深不可救也。使拥而塞之,乱而惑之,因抵而得之。如此者,可以计谋之用也。

⑧公者,扬于王庭,名为聚讼,莫执其咎,其事难成;私者,不出门庭,慎密无失,其功可立。故公不如私。虽复潜谋,不如与彼要结。二人同心,物莫之间,欲求其隙,其可得乎?

⑨正者,循理守常,难以速进;奇者,反经合义,事同机发。故正不如奇。奇计一行,则流通而莫知止也,故曰奇流而不止者也。

⑩与人主言奇,则非常之功可立;与人臣言私,则保身之道可全。

【译文】

　　所以,如果对方表面亲近,而内心疏远,就要通过游说改变他的内心想法;如果对方内心亲密,而表面疏远,就要通过游说改变他的表面态度。要顺着对方的疑虑来消除它,顺着对方所了解到的一切来证实

它;顺着对方的说法来应和他,顺着对方的形势来成就他;根据对方所厌恶的东西,为他谋划对付的办法;根据对方所担心的东西,为他设法排除困难。要相互切磋,防止骄纵,让他产生戒惧心理;要用高超的议论来激励对方,使他行动起来;对方不理解时,要巧妙地引用先例和相应的实事来证明,使他领悟并接受建议。如果以上办法不能使对方觉悟,便叫他堵塞不通,便让他混乱迷惑。这便是商定和使用谋略。在商定和使用谋略时,公开商讨,不如私下密谋;私下密谋,又不如结成盟党;结成了盟党,便不会有空隙而泄漏秘密。正常的谋略,不如出人意料的奇特谋略,因为出人意料的奇谋是变化不定的。所以,游说君主,一定要跟他讲奇特的谋略;游说大臣,一定要跟他讲私人的利害。

【原文】

　　其身内,其言外者,疏;其身外,其言深者,危。[①]无以人之所不欲而强之于人,无以人之所不知而教之于人。[②]人之有好也,学而顺之;人之有恶也,避而讳之。故阴道而阳取之也。[③]故去之者,纵之;纵之者,乘之。[④]貌者不美又不恶,故至情托焉。[⑤]可知者,可用也;不可知者,谋者所不用也。⑥故曰事贵制人,而不贵见制于人。制人者,握权也;见制于人者,制命也。⑦故圣人之道阴,愚人之道阳。⑧智者事易,而不智者事难。以此观之,亡不可以为存,而危不可以为安;然而无为而贵智矣。⑨智用于众人之所不能知,而能用于众人之所不能见。⑩既用,见可否,择事而为之,所以自为也;见不可,择事而为之,所以为人也。⑪故先王之道阴。言有之曰:"天地之化,在高与深;圣人之制道,在隐与匿。"非独忠信仁义也,中正而已矣。⑫道理达于此义者,则可与言。⑬由能得此,则可以谷远近之义。⑭

【旧注】

①身在内而言外泄者,必见疏也;身居外而言深切者,必见危也。

②谓其事虽近,彼所不欲,莫强与之;将生恨怒也。教人当以所知;今反以人所不知教之,犹以暗除暗,岂为益哉!

③学顺人之所好,避讳人之所恶。但阴自为之,非彼所逆,彼必感悦,明言以报之。故曰:阴道而阳取之也。

④将欲去之,必先听纵,令极其过恶。过恶既极,便可以法乘之。故曰:纵之者乘之也。

⑤貌者,谓察人之貌,以知其情也。谓其人中和平淡,见善不美,见恶不非,如此者可以至情托之。故曰:至情托焉。

⑥谓彼情宽密,可令知者,可为用谋,故曰可知者可用也。其不宽密,不可令知者,谋者不为用也,故曰:不可知者谋者所不用也。

⑦制命者,言命为人所制也。

⑧圣人之道,内阳而外阴;愚人之道,内阴而外阳。

⑨智者宽恕,故易事;愚者猜忌,故难事。然而,不智者必有危亡之祸。
以其难事,故贤者莫得申其计划。则亡者遂亡,危者遂危。欲求安
存,不亦难乎?今欲存其亡,安其危,则他莫能为,唯智者可矣。故
曰:无为而贵智矣。

⑩众人所不能知,众人所不能见,智独能用之,所以贵于智矣。

⑪亦既用智,先己而后人。所见可否,择事为之,将此自为;所见不可,
择事而为之,将此为人。亦犹伯乐教所亲相驽骀,教所憎相千里也。

⑫言先王之道,贵于阴密。寻古遗言,证有此理,曰:"天地之化,唯在
高深;圣人之制道,唯在隐匿。"所隐者中正,自然合道,非专在仁义
忠信也。故曰:非独忠信仁义。

⑬言谋者晓达道理,能于此义达畅,则可与语至而言极矣。

⑭谷,养也。若能得此道之义,则可与居大宝之位,养远近之人,诱于
仁寿之域也。

【译文】

自身处于亲近地位,但说话不贴心,便会被疏远;自身处于被疏远
地位,但言谈太深入内情,便会招来危险。不要把别人不愿做的事强
加给他;也不要把别人无法了解的事勉强塞给他。别人有什么爱好,
要学习仿效,要顺从;别人有什么讨厌的东西,要避开,为他隐讳。这
叫作暗中揣摩别人的内心而行动,从而取得他公开的赞同与合作。所
以,将要除掉某人,先要放纵某人;放纵他正是为了乘机制服他。如果
某人不随便表示喜悦,也不随便表示厌恶,那便说明他具有最深刻的
思想感情。可以开导的人,便可以利用他;不可以开导的人,是智谋之

士不能利用的人。所以说，办事以能控制别人为贵，而不以被别人控制为贵。所谓控制别人，便是自己要掌握权柄；所谓被别人控制，便是被别人掌握命运，被他驱使。所以，圣人的谋略隐蔽，不露声色；愚人的谋略公开，大肆张扬。跟聪明的人办事容易，跟不聪明的人办事困难。由此看来，面临灭亡者是不能使其生存的，面临危险者是不能使其安定的。因此，便要顺应自然而推崇智谋。智谋要用在普通人所看不到和不能理解的地方。运用智谋之后，被人认可，便选择应该做的事去做，这是为自己的办法；运用智谋之后，被人否定，还是选择应该做的事去做，这是为别人的办法。所以，先王的谋略是隐蔽的。格言说得好："天地变化运转，表现在高深；圣人制定谋略，表现在隐匿。"不在于表面讲忠、信、仁、义，只要内心公正就可以了。通达这种道理精义的人，就可以跟他谈论谋略。如果能够懂得这一点，就可以商讨处理一切远近的事务。

决第十一

【题解】

决，是决断的意思。决断主要是针对各种有疑虑的事情，故本篇的中心是"决情定疑"四字，本篇的主要内容是为王公大人们决断疑难。

【原文】

为人凡决物，必托于疑者。善其用福，恶其有患。^①至于诱也，终无惑偏。有利焉，去其利，则不受也。^②奇之所托，若有利于善者；隐托于恶，则不受矣，致疏远。^③故其有使失利，有使离害者，此事之失。^④

【旧注】

①有疑，然后决，故曰必托于疑者。凡人之情，用福则善，有患则恶。福患之理未明，疑之所由生。故曰：善用其福，恶有其患。然善于决疑者，必诱得其情，乃能断其可否也。

②怀疑曰惑，不正曰偏。决者能无惑偏，行者乃有通济，然后福利生焉。若乃去其福利，则疑者不受其决。

③谓疑者本有利善，而决者隐其利善之情，反托之于恶，则不受其决，更致疏远矣。

④言上之二者，或去利托于恶，疑者既不受其决，则所行罔能通济，故有失利罹害之败。凡此皆决事之失也。

【译文】

　　凡是替人决断事情，一定要以那人心里存在的疑虑为依据。人们希望自己能幸福，害怕自己有灾害。如果善于诱导，最终就会消除对方的疑惑和偏颇。事物存在利益，而如果抛开这种利益不谈，那谋略就不会被对方接受。决定奇谋的根据，是谋略有利于获得对方希望获得的某种利益；如果抛开利益而只从对方的不利方面去游说，对方就不会接受，必然招致疏远。所以，在决策方面对对方有利益的事情却抛开不谈，对方就会因为不接受他的决策而遭受灾害，这是决断事情的失误。

【原文】

　　　　圣人所以能成其事者有五：有以阳德之者，有以阴贼之者，有以信诚之者，有以蔽匿之者，有以平素之者。①阳励于一言，阴励于二言，平素、枢机以用。四者微而施之。②于是度以往事，验之来事，参之平素，可则决之。③公王大人之事也：危而美名者，可则决之；④不用费力而易成者，可则决之；⑤用力犯勤苦，然而不得已而为之者，可则决之；⑥去患者，可则决之；从福者，可则决之。⑦

【旧注】

①圣人善变通，穷物理，凡所决事期于必成。事成理著者，以阳德决之；情隐言伪者，以阴贼决之；道成志直者，以信诚决之；奸小祸微者，以蔽匿决之；循常守故者，以平素决之。

②励：勉也。阳为君道，故所言必励于一。一，无为也。阴为臣道，故所言必励于二。二，有为也。君道无为，故以平素为主；臣道有为，故以枢机为用。言一也，二也，平素也，枢机也，四者其所施为，必精微而契妙，然后事行而理不难。

③君臣既有定分，然后度往验来，参以平常，计其是非。于理既可，则为决之。

④危，由高也。事高而名美者，则为决之。

⑤所谓惠而不费，故为决之。

⑥所谓知之所无奈何，安之若命，故为之决。

⑦去患从福之人，理之大顺，故为之决也。

【译文】

　　圣人能够办成大事的手段有五种：有时用道德公开感化别人；有时用计谋暗中伤害别人；有时用忠实的态度收买别人；有时用包瞒的办法欺骗别人；有时用公平的办法对待别人。五种手段针对五种不同的对象。使用这些手段的方式各有区别。公开办事，用道德感化别人，要力求说话前后一致，言行必果；暗中谋划，用手段伤害别人，要善于正反两面说话。有时公开办事，有时暗中办事，有时用惯常的办法，有时用机巧的手段。这四种方式都要微妙地使用。在决断事情时，用过去的事来衡量，用将来的事来检验，用平日经常发生的事来参考佐证。如果可行的话，便要决断下来。给王公大臣谋划事情，有五种情况可以立即决断：如果事情高雅又能获得美好声誉，只要能实行，就马上决断；如果事情不用花费财物与力气便可以轻易地获得成功，就马上决断；即使事情办起来很费力，要忍受劳累困苦，但是又不能停下来不做，只要能实行，也要马上决断；能排除忧患的事，只要能实行，就马上决断;能招来福祉的事,只要能实行,就马上决断。

【原文】

　　故夫决情定疑,万事之机,以正治乱,决成
败,难为者①。故先王乃用蓍龟者,以自决也②。

【旧注】

①治乱以之正,成败以之决,失之毫厘,差之千里,枢机之发,荣辱之
　主,故曰难为。
②夫以先王之圣智,无所不通,犹用蓍龟以自决,况自斯以下,而可以
　专已自信,不博谋于通识者哉!

【译文】

　　总之,决断事情与消除疑虑,是办好各种事务的关键,关系到社会
的治乱,关系到事业的成败,是非常难办的,要认真对待。所以,即使
是圣明的先王,也要用蓍草和龟甲占卜,从而使自己的决断正确无误。

符言第十二①

【旧注】

① 发言必验，有若符契。故曰：符言。

【题解】

　　符，又称"符节"，是古代的重要凭信物。它用竹木或金属制作，上面书写文字，然后剖为两半，朝廷与接受命令的人员各自掌握一半；对证时，两半相合，称为"符验"。"符言"的含义是：本篇的言语都是经过验证，完全符合规律的言语。本篇分九段，讲君主应该注意的九个问题。

【原文】

　　　　安徐正静，其被节无不肉。①善与而不静，
　　虚心平意，以待倾损。②有主位。③

【旧注】

①被，及也。肉，肥也，谓饶裕也。言人若居位，能安、徐、正、静，则所
　及人节度无不饶裕。

②言人君善与事结而不安静者,但虚心平意以待之,倾损之期必至矣。

③主于位者,安、徐、正、静而已。

【译文】

　　君主能够做到稳重、从容、公正、沉着,他对人的节度就无不饶裕。他愿意给予而不与人争利,心意虚静平定,用这种态度来准备应付可能出现的危机。这就叫作善守其位。

【原文】

　　　目贵明,耳贵聪,心贵智。①以天下之目视者,则无不见;以天下之耳听者,则无不闻;以天下之心思虑者,则无不知。②辐凑并进,则明不可塞。③有主明。④

【旧注】

①目明则视无不见,耳聪则听无不闻,心智则思无不通。是三者无拥(壅),则何措而非当也。

②昔在帝尧,聪明文思,光宅天下,盖用此道也。

③夫圣人不自用其聪明、思虑,而任之天下,故明者为之视,聪者为之听,智者为之谋,若云从龙,虎从风,霈然而莫之御,辐凑并进,不亦宜乎!若日月照临,其可塞哉?故曰明不可塞也。

④主于明者,以天下之目视也。

【译文】

　　眼睛以视力清楚为贵,耳朵以听力灵敏为贵,内心以具有智慧为贵。如果用天下人的眼睛来观察一切，就没有什么看不到；如果用天下人的耳朵来听取一切，就没有什么听不到；如果用天下人的内心来思考一切，就没有什么不明白。各种人才都集中起来，重用他们，发挥他们的聪明才智，君主的明察便谁也堵塞不了。这就叫作明察之道。

【原文】

　　德之术，曰：勿坚而拒之。[1]许之则防守，拒之则闭塞。[2]高山仰之可极，深渊度之可测，神明之位术正静，其莫之极欤！[3]有主德。[4]

【旧注】

①崇德之术，在于恢弘博纳。山不让尘，故能成其高；海不辞流，故能成其深；圣人不拒众，故能成其大。故曰：勿坚而拒之也。

②言许而容之，众必归而防守；拒而逆之，众必违而闭塞。归而防守，则危可安；违而闭塞，则通更壅。夫崇德者安可以不弘纳哉？

③高莫过于山，犹可极；深莫过于渊，犹可测。若乃神明之位，德术正静，迎之不见其前，随之不见其后，其可测量乎哉！

④主于德者，在于含弘而勿拒也。

【译文】

　　听取采纳意见的方法是：不要坚决拒绝别人的意见。如果能广泛听从别人的意见，那自己就多了一层自我保护的力量；如果坚决拒绝别人的意见，那就会堵塞言路，使自己闭塞不通。高山再高，抬起头也可看到它的顶点；深渊再深，也可以测量出它的深度；君主处在最尊贵的位置，只要方法公正而沉着，就没有谁可以探测出他的高深。这是虚心纳谏之道。

【原文】

用赏贵信，用刑贵正。[①]赏赐贵信，必验耳目之所见闻。其所不见闻者，莫不暗化矣。[②]诚畅于天下神明，而况奸者干君！[③]有主赏。[④]

【旧注】

①赏信，则立功之士致命捐生；刑正，则受戮之人没齿不怨也。

②言施恩行赏，耳目所见闻则能验察不谬，动必当功。如此，则信在言前，虽不见闻者莫不暗化也。

③言每赏从信，则至信畅于天下，神明保之如赤子，天禄不倾如泰山，又况不逞之徒欲奋起奸谋干于君位者哉！此犹腐肉之齿，利剑锋接，必无事矣。

④主于赏者，贵于信也。

【译文】

实行赏赐以讲信用为贵，实行刑罚以公正为贵。赏赐要讲信用，刑罚要公正，这些都要从君主经常见闻且可以验证的事情做起，这样君主所不能见闻的人和事也会潜移默化地受到影响。君主的诚信如果能畅达天下，那么连神明也会来保护，又何惧那些奸邪之徒冒犯君主呢？这就是赏罚之道。

【原文】

一曰天之，二曰地之，三曰人之。[①]四方上

下，左右前后，荧惑之处安在？^②有主问。^③

【旧注】

①天有逆顺之纪，地有孤虚之理，人有通塞之分。有天下者宜皆知之。

②夫四方上下、左右前后，有阴阳向背之宜。有国从事者不可不知。
　又，荧惑，天之法星，所居灾眚，吉凶尤著。故曰：虽有明天子，必察
　荧惑之所在。故亦须知也。

③主于问者，必辨三才之道。

【译文】

　　君主询问的范围，包括天上、地下、人间三个方面。四方、上下、左
右、前后的情况都要了解得清清楚楚，那就不会存在被蒙蔽和迷惑的
事了。这就是咨询之道。

【原文】

　　　　心为九窍之治，君为五官之长。^①为善者，
君与之赏；为非者，君与之罚。^②君因其政之所
以求，因与之，则不劳。^③圣人用之，故能赏之。
因之循理，故能久长。^④有主因。^⑤

【旧注】

①九窍运为，心之所使；五官动作，君之所命。

②赏善罚非，为政之大经也。

③与者应彼所求，求者应而无得。应求则取施不妄，得应则行之无怠。
　循性而动，何劳之有？

④因求而与,悦莫大焉;虽无玉帛,劝同赏矣。然因逆理,祸莫速焉。
因之循理,固能长久也。

⑤主于因者,贵于循理。

【译文】

心是各种器官的主宰,君主是各级官吏的主宰。做好事的官员,
君主赏赐他;干坏事的官员,君主惩罚他。君主顺应他们表现出来
的一切施行赏罚,就不会劳神费力。圣人能够任用官吏,便能掌握
他们;因顺应形势而遵循道理,所以能够长治久安。这就是遵规循
理之道。

【原文】

　　　　人主不可不周;人主不周,则群臣生乱。①
寂乎其无常也,内外不通,安知所开?②开闭不
善,不见原也。③有主周。④

【旧注】

①周,谓遍知物理。于理不周,故群臣乱也。

②家,犹业也。群臣既乱,故所业者无常。而内外闭塞,触途多碍,何
如知所开乎?

③开闭,即捭阖也。既不用捭阖之理,不见为善之源也。

④主于周者,在于遍知物理。

【译文】

　　国君不可不遍知一切。如果国君不遍知一切,那么群臣便会作

乱。一切事物都在悄悄地不断变化,如果内外阻隔,情况不明,又怎么知道应该采取行动? 如果不善于掌握开合之术,就不能发现事物的本原。这就是遍知物理之道。

【原文】

　　一曰长目,二曰飞耳,三曰树明。①千里之外,隐微之中,是谓洞。② 天下奸莫不暗变更。③ 有主恭。④

【旧注】

①用天下之目视,故曰:长目(视);用天下之耳听,故曰:飞耳;用天下之心虑,故曰:树明者也。

②言以天下之心虑,则无不知。故千里之外、隐微之中,莫不玄览。

③既察隐微,故为奸之徒绝邪于心胸。故曰:莫不暗变更也。

④主于恭者,在于聪明文思。

【译文】

　　用天下之眼能看得更远,用天下之耳能听得更清,用天下之心能考虑得更明。能够了解千里之外的情况,能够了解隐秘微小的事情,这便能够洞察一切,那么,天下所有为非作歹的坏人都会暗暗地改变自己的恶劣行为。这就是洞察一切之道。

【原文】

　　循名而为,实安而完。①名实相生,反相为情。②故曰:名当则生于实,实生于理。③理生于名实之德。④德生于和,和生于当。⑤有主名。⑥

【旧注】

①实既副名,所以安全。

②循名而为实,因实而生名,名实不亏,则情在其中。

③名当,自生于实;实立,自生于理。

④无理不当,则名实之德自生也。

⑤有德必和,能和自当。

⑥主于名者,在于称实。

【译文】

依照名分去考察实际,根据实际来确定名分。名分和实际相互助长,相辅相成。所以说:名分适当,就说明它是从实际中产生的;实际是从事理中产生的。事理是从名实相符之道中产生的。名实相符之道是从和谐中产生的,和谐是从适当中产生的。这就是名实相符之道。

转丸第十三（亡佚）

胠乱第十四^①（亡佚）

【旧注】

①《转丸》《胠乱》二篇皆亡。或有[取]庄周《胠箧》而充次第者。按：鬼谷之书，崇尚计谋，祖述圣智。而庄周《胠箧》，乃以圣人为大盗之资，圣法为桀、跖之失，乱天下者，圣人之由也。盖欲纵圣弃智，驱一代于混茫着中。殊非此书之意。盖无取焉。或曰："《转丸》《胠乱》者，《本经》《中经》是也。"

卷下

本经阴符七术①

【旧注】

①阴符者,私志于内,物应于外,若合符契,故曰:阴符。由本以经末,故曰:本经。

【题解】

《本经阴符七术》《持枢》《中经》,道藏编为《鬼谷子》下卷,有人称为外篇。"本",是根本的意思;"本经",主要讨论精神修养。"阴符",强调谋略的隐蔽性与变化莫测。

《鬼谷子》上、中卷十四篇(今存十二篇),侧重于权谋策略及言谈辩论的技巧;《本经阴符七术》则集中于养神蓄锐之道。《本经阴符七术》由七篇组成。前三篇说明如何充实意志,涵养精神。后四篇讨论如何将内在的精神运用于外,如何以内在的精神去处理外在的事物。

一、盛神

【原文】

盛神法五龙。①盛神中有五气,神为之长,

心为之舍，德为之人；养神之所，归诸道。②道者，天地之始，一其纪也。物之所造，天之所生，包宏，无形化气，先天地而成，莫见其形，莫知其名，谓之神灵。③故道者，神明之源，一其化端。是以德养五气，心能得一，乃有其术。④术者，心气之道，所由舍者，神乃为之使。⑤九窍、十二舍者，气之门户，心之总摄也。⑥

【旧注】

①五龙，五行之龙也。龙则变化无穷，神则阴阳不测，故盛神之道法五龙也。

②五气，五脏之气也，谓神、魂、魄、精、志也。神居四者之中，故为之长；心能舍容，故为之舍；德能制邪，故为之人。然养事之宜，归之于道。

③无名，天地之始。故曰：道者，天地之始也。道始所生者一，故曰：一其纪也。言天道混成，阴阳陶铸，万物以之造化，天地以之生成，包容弘厚，莫见其形，至于化育之气，乃先天地而成，不可以状貌诘，不可以名字寻。妙万物而为言者也，是以谓之神灵。

④神明禀道而生，故曰：道者，神明之源也。化端不一，有时不化，故曰：一其化端也。循理有成谓之德，五气各能循理，则成功可致，故曰：德养五气也。一者，无为而自然者也。心能无为，其术自生，故曰：心能得一，乃有其术也。

⑤心气合自然之道，乃能生术，术之有道由舍，则神乃为之使。

⑥十二者，谓目见色、耳闻声、鼻受香、口知味、身觉触、意思事，根境互相停舍。故曰：十二舍也。气候由之出入，故曰：气之门户也。唯心之所操秉，故曰：心之总摄也。

【译文】

　　要使精神旺盛充沛,必须效法五行之龙一样变化无穷。旺盛的精神中包含着五脏的精气,精神是五脏精气的统帅,心是精神的依托之所,道德是人的立身之本,所以养神的方法归结为道。道是天地的开始,道产生"一","一"是万物的开端。万物的创造,天的产生,都是因为道的作用。道包容着无形的化育之气,在天地产生前便形成了。没有谁能看到它,没有谁能叫出它的名称,只好称它为"神灵"。所以说,道是神明的根源,"一"是变化的开端。因此,人们只有用道德涵养五气,心里能守住"一",才能掌握住道术。道术是根据道而采用的策略、方法,是心气按规律活动的结果。精神是道术的使者。人体的九窍、人体的器官,都是气进进出出的门户,都由心所总管。

【原文】

　　生受于天,谓之真人;真人者,与天为一而知之者。①内修练而知之,谓之圣人;圣人者,以类知之。②故人与生,一出于化物。③知类在窍。有所疑惑,通于心术;术必有不通。④其通也,五气得养,务在舍神,此谓之化。⑤化有五气者,志也、思也、神也、德也;神其一长也。静和者,养气。养气得其和,四者不衰,四边威势,无不为,存而舍之,是谓神化归于身,谓之真人。⑥真人者,同天而合道,执一而养产万类,怀天心,施德养,无为以包志虑思意,而行威势者也。士者通达之,神盛,乃能养志。⑦

【旧注】

①凡此皆受之于天，不亏其素，故曰：真人。真人者，体同于天，故曰：与天为一也。

②内修炼，谓假学而知之也。然圣人虽圣，犹假学而知，假学即非自然，故曰：以类知之也。

③言人相与生在天地之间，其得一也。既出之后，随物而化，故有不同也。

④窍，孔窍也。言知之事类，在于九窍。然窍之所疑，必与术相通，若乃心无其术（术），必不通也。

⑤心术能通，五气自养。故养五气者，务令来归舍，神既来舍，自然随理而化也。

⑥言能化者，在于全五气。神其一长者，言能齐一志思而君长之。神既一长，故能静和而养气，气既养，德必和焉。四者，志、思、神、德也。四者能不衰，则四边威势力无有不为常存而舍之，则神道变化，自归于身。神化归身，可谓真人。

⑦一者，无为也。言真人养产万类，怀抱天心，施德养育，皆以无为为之，故曰：执一而产养万类。至于志意、思虑、运行威势，莫非自然，循理而动，故曰：无为以包也。然通达此道，其唯善为士乎！既能盛神，然后乃可养志。

【译文】

　　直接从上天获得本性的人，叫作真人。真人是与上天结成一体而掌握道的人。通过专心学习磨炼而掌握道的人，叫作圣人。圣人是触类旁通而掌握道的。人类的肉体与性命，都是由于天地的造化而产生。人类了解各类事物，都是通过九窍。如果有疑惑不解的地方，要通过心的思考而运用道加以判断；如果没有道术，就一定不会通达。通达之后，五脏精气得到培养，这时要努力使精神保持镇静专一。这便叫作"化"，即合符造化的精妙境界。五脏精气达到了化的境界，便产生志向、思想、精神和道德，精神是统一管理这四者的。宁静平和便可以养气，养气便可以使志向、思想、精神、道德四者获得和谐，永不衰败，向四方散发威势。什么事都可以办到，长存不散，这便叫作一身达到了神化的境界，这种人便叫真人。真人，是跟天与道合一的，他能够坚守"一"，而且产生并养育万物，怀着上天之心，施行道德，他是用无为之道指导思想而发出威势的人。游说之士通晓了这一点，精神旺盛充沛，才能培养志向。

二、养志

【原文】

　　养志法灵龟。^①养志者，心气之思不达也。^②有所欲，志存而思之。志者，欲之使也。欲多则心散，心散则志衰，志衰则思不达也。^③故心气一，则欲不惶；欲不惶，则志意不衰；志意不衰，则思理达矣。^④理达则和通，和通则乱气不烦于胸中。^⑤故内以养志，外以知人。养志则心通矣，知人则分职明矣。^⑥将欲用之于人，必先知其养气志。知人气盛衰，而养其志气，察其所安，以知其所能。^⑦

【旧注】

①志者察是非，龟者知吉凶，故曰：养志法灵龟。

②言以心气不达，故须养志以求通也。

③此明纵欲者不能养气志，故所思不达者也。

④此明寡欲者能养志，故思理达矣。

⑤和通则莫不调畅，故乱气自消。

⑥心通则一身泰，职明则天下平。

⑦将欲用之于人，谓以养志之术用人也。养志则气盛，不养则气衰。盛衰既形，则其所安、所能可知矣。然则善于养志者，其唯寡欲乎！

【译文】

　　培养志向要像灵龟能知吉凶一样明察是非。之所以需要培养志向，是因为不这样心思便不能畅达。如果有了某种欲望，老是放在心里考虑，那么，志向便被欲望所役使。欲望多了，心思便分散；心思分散了，志向便衰弱；志向衰弱了，思路便不畅达。而心思专一，欲望便不会扰乱心神；欲望不扰乱心神，志向便不会衰弱；志向不衰弱，思路便会畅达。思路畅达，和气便流通；和气流通，乱气便不会在胸中烦扰。所以，对内要培养自身志气，对外要了解他人。培养志气就会心思畅通，了解他人就会职责明确。如果要把培养志气之术用于对人，就一定先要考察他人是如何培养志气的。了解他人志气的盛衰情况，就可以培养他的志气；观察他人的志趣爱好，就可以了解他的才能。

【原文】

　　志不养，则心气不固；心气不固，则思虑不达；思虑不达，则志意不实；志意不实，则应对不猛；应对不猛，则志失而心气虚；志失而心气虚，则丧其神矣。①神丧，则仿佛；仿佛，则参会不一。②养志之始，务在安己；己安，则志意实坚；志意实坚，则威势不分，神明常固守，乃能分之。③

【旧注】

①此明丧神始于志不养也。

②仿佛，不精明之貌；参会，谓志、心、神三者之交会也。神不精明，则多违错，故参会不得其一。

③安者，谓少欲而心安也。威势既不分散，神明常来固守，如此则威精分势震动物也。上"分"谓散亡也；下"分"谓我有其威而能动彼，故曰：乃能分也。

【译文】

　　如果不培养志向，心气就不稳固；心气不稳固，思路便不通畅；思路不通畅，意志便不坚强；意志不坚强，应对便不理直气壮；应对不理直气壮，就是丧失志向和心气衰弱的表现。丧失志向和心气衰弱，说明他的精神颓丧了。精神颓丧，便会恍惚不清；神志恍惚不清，就不可能专一地探求事理。培养志向，首先要从使自己安定开始；自己安定了，志向意愿便会充实坚定；志向意愿充实坚定，威势就不会分散。精神明畅，经常固守，就能够震慑对方。

三、实意

【原文】

　　实意法螣蛇。[①]实意者，气之虑也。[②]心欲安静，虑欲深远。心安静则神明荣，虑深远则计谋成。神明荣则志不可乱，计谋成则功不可间。[③]意虑定则心遂安，心遂安则所行不错，神自得矣。神得则凝。[④]识气寄，奸邪得而倚之，诈谋得而惑之，言无由心矣。[⑤]故信心术、守真一而不化，待人意虑之交会，听之候之也。[⑥]计谋者，存亡之枢机。虑不会，则听不审矣；候之不得，计谋失矣。则意无所信，虚而无实。[⑦]故计谋之虑，务在实意，实意必在心术始。[⑧]

【旧注】

①意委曲，蛇能屈伸，故实意法螣蛇也。

②意实则气平，气平则虑审，故曰：实意者，气之虑也。

③智不可乱，故能成其计谋；功不可间，故能宁其邦国。

④心安则物无为而顺理，不思而玄览。故虽心之所不错，神自得之，得之则无不成矣。凝者，成也。

⑤寄，谓客寄，言识气非真，但客寄耳。故奸邪得而倚之，诈谋得而惑之。如此则言皆胸臆，无复由心矣。

⑥言心术诚明而不亏，真一守固而不化，然后待人接物，彼必输诚尽意。智者虑能，明者献策，上下同心，故能交会也；用天下之耳听，故

物候可知矣。

⑦计得则存,失计则亡,故曰:计谋者,存亡之枢机。虑不合物,则听者
不为己听,故不审著。听不审著,候岂得哉!乖候而谋,非失而何?
计既失矣,意何所恃?惟有虚伪,无复诚实。

⑧故计谋之虑,务在实意。实意,必从心始,故曰:必在心术始也。

【译文】

要使自己思想充实,必须效法腾蛇一样能屈能伸。思想充实,产
生于气的思考活动。心思要安静,思考要深远。心思安静,神思智慧
便会通达;思考深远,谋划事情便能周详。智慧通达,志向就不会受到
扰乱;谋划周详,事业的成功便没有阻隔。思想坚定,心里便顺畅;心
思安静,所做的一切便不会有差池。精神能够自我满足,便能专一集
中。如果思想活动不安定而游离在外,奸邪之徒便可凭借这种状况干
坏事,欺诈阴谋便可乘机迷惑自己,说出的话也就不会经过心的仔细
思考。所以,要使心术真诚,必须坚守专一之道而不改变,等待别人开
诚相见,彼此交流,认真听取和接受别人的意见。计谋是关系国家成
败的关键。如果思想不能交融,听到的情况便不会周详;要听取、接受
的信息没有接受,计谋就会发生失误。这样,思想上便没有什么真诚
可信的东西,变得虚而不实。在计谋的开始,务必要做到实意,实意也
必须从静心之术开始。

【原文】

无为而求,安静五脏,和通六腑,精神、魂
魄固守不动,乃能内视、反听、定志,思之太虚,

待神往来。^①以观天地开辟，知万物所造化，见
阴阳之终始，原人事之政理。不出户而知天下，
不窥牖而见天道。不见而命，不行而至。^②——
是谓"道知"。以通神明，应于无方，而神宿矣。^③

【旧注】

①言欲求安心之道，必寂澹无为，如此则五脏安静，六腑通畅，精神魂
　魄，各守所司，澹然不动，则可以内视无形，反听无声，志虑定，太虚
　至，神明千万往来归于己也。

②惟神寂然不动，感而遂通天下之故，能知于不知，见于不见，岂待出
　户牖窥之然后知见哉！固以不见而命、不行而至也。

③道，无思也，无为也。然则，道知者岂用知而知哉？以其无知，故能
　通神明。应于无方，而神来舍。宿，犹舍也。

【译文】

　　如果能做到自然无为，使得五脏和谐，六腑通畅，精、神、魂、魄都
固守不动，那就可以洞察自我状况、听取外界信息，做到志向坚定，使
头脑达到毫无杂念的空灵境界，等待神妙的灵感活动往来。从而可以
观察天地开辟，了解万物造化，发现阴阳二气周而复始的变化，探讨人
世间治国安邦的道理。如果能够这样，足不出户也可了解天下万物，
不把头探出窗外便可了解自然界的变化规律；没有见到事物便可叫出
它的名称，不走动便可以达到目的地。这便叫作"道知"。凭道来了解
一切，可以通达神明，可以应接万事万物，精神安如泰山。

四、分威

【原文】

分威法伏熊。[1]分威者，神之覆也。[2]故静固志意，神归其舍，则威覆盛矣。[3]威覆盛，则内实坚；内实坚，则莫当；莫当，则能以分人之威而动，其势如其天。[4]以实取虚，以有取无，若以镒称铢。[5]故动者必随，唱者必和。挠其一指，观其余次，动变见形，无能间者。[6]审于唱和，以间见间，动变明，而威可分。[7]将欲动变，必先养志、伏意，以视间。[8]知其固实者，自养也。让己者，养人也。故神存兵亡，乃为之形势。[9]

【旧注】

①精虚动物谓之威，发近震远谓之分。熊之搏击，必先伏而后动，故分威法伏熊。

②覆，犹衣被也。神明衣被，然后其职可分也。

③言致神之道，必须静意固志，自归其舍，则神之威覆隆盛矣。舍者，志意之宅也。

④外威既盛，则内志坚实。表里相副，谁敢当之？物不能当之，（物不能当），则我之威分矣。威分[势]动，则物皆肃然，畏其人之若天也。

⑤言威势既盛，人物肃然，是我实有而彼虚无，故能以我实取彼虚，以我有取彼无。取之也，动必相应，犹称铢以成镒，二十四铢为镒者也。

⑥言威分势震物，犹风，故动必有随，唱必有和。但挠其指，以名呼之，

则群物毕至。然后徐徐以次观其余众,犹性安之,各令得所,于是风以动之,变以化之,犹泥之在钧,群器之形自见。如此,则天下乐推而不厌,谁能间之也。

⑦言审识唱和之理,故能有间必知,我既知间,亦既见间即能间,故能明于动变,而威可分者。

⑧既能养志、伏意,视之其间,则变动之术可成矣。

⑨谓自知志意固实者,此可以自养也;能行礼让于己者,乃可以养人也。如此则神存于内,兵亡于外,乃可为之形势也。

【译文】

发挥威力震慑他人,要效法伏在地上随时准备出击的熊。只有在自己旺盛的精神笼罩之下,才能发挥威力震慑他人。所以,要使志向坚定、思想安静、精神集中,自己的威势才能盛大。威势盛大,自己的内心才能充实坚定;内心充实坚定,发挥威力震慑他人才能莫可抵挡。没有谁能抵挡,那么发出的威力震慑别人,就像天一样无不覆盖。这便是用坚实去对付虚无,用有威力去对付无威力。这就好像“镒”和“铢”的分量一样相差悬殊。所以,只要一动便一定有人跟从,一唱便一定有人附和。只要弯一个指头,便可看到其他指头的变化。威势一发出,就可使情况发生变化,没有谁能够阻挡。对唱和的状况要进行周详考察,发现对方的任何间隙,明了活动变化的情况,这样威力才能发挥出来。自己想要活动变化,一定要先培养志向、隐蔽意图,从而观察对方的间隙,把握住时机。使自己的思想意志充实坚定,是养护自己的方法;自己谦逊退让,是使别人驯服的方法。能够做到既使精神专注于内又让进击之势毫不显露于外,那便是大有可为的形势。

五、散势

【原文】

　　　　散势法鸷鸟。[①]散势者,神之使也。[②]用之,必循间而动。[③]威肃,内盛,推间而行之,则势散。[④]夫散势者,心虚志溢。[⑤]意衰威失,精神不专,其言外而多变。[⑥]故观其志意,为度数,乃以揣说图事,尽圆方,齐短长。[⑦]无则不散势。散势者,待间而动,动而势分矣。[⑧]故善思间者,必内精五气,外视虚实,动而不失分散之实。[⑨]动则随其志意,知其计谋。[⑩]势者,利害之决,权变之威。势败者,不以神肃察也。[⑪]

【旧注】

①势散而后物服,犹鸟击禽获,故散势法鸷鸟也。

②势由神发,故势者,神之使。

③无间则势不行,故用之必循间而动。

④言威敬内盛,行之又因间而发,则势自然而散矣。

⑤心虚则物无不包,志溢则事无不决,所以能散其势。

⑥志意衰微而失势,精神挫衄而不专,则言疏外而谲变。

⑦知其志意隆替,然后可为之度数。度数既立,乃后揣说之图其事也。必尽圆方之理,变短长之用也。

⑧散不得间,则势不行。故散势者待间而动。动而得间,势自分矣。

⑨五气内精,然后可以外察虚实之理,不失则间必可知。有间必知,故

能不失分散之实也。

⑩计谋者,志意之所成,故随其志意,必知其计谋也。

⑪神不肃察,所以势败。

【译文】

散发威势来采取行动,要像鸷鸟捕获猎物一样一擒即获。散发威势,是由精神主宰的。要散发威势,一定要抓住时机采取行动。威力收敛集中,内心精神旺盛,善于利用对方的间隙采取行动,那么,威势便可以发散出去。散发威势时,要内心谦虚能容万物,意志充沛无事不决。如果意志衰微,便会丧失威势,精神不专一,那么,说起话来便会不中肯,而且前后矛盾,变化不定。所以,要观察对方的思想意志和办事标准,运用揣摩之术游说他,并采取不同的政治权谋谋划各种事情,有时圆转灵活,有时方正直率。如果没有有利时机,就不能发散威势。因为散发威势,必须等待有利时机而采取行动,一旦行动便要发出威势。所以,那些善于发现时机的人,一定是五脏精气内蕴,对外能洞察形势虚实。他一旦行动,便不会失去散发威势的实效,紧紧抓住对方的思想意志,及时了解对方的计谋。总之,形势是决定利害的,也是能够权变并发挥威力的条件。威势衰败,往往是因为不能够集中精神去审察事物的结果。

六、转圆

【原文】

转圆法猛兽。①转圆者,无穷之计也。无穷

者,必有圣人之心,以原不测之智;以不测之智
而通心术。②而神道混沌为一。以变论万类,说
义无穷。③智略计谋,各有形容,或圆或方,或阴
或阳,或吉或凶,事类不同。④故圣人怀此之用,
转圆而求其合。⑤故兴造化者,为始动作,无不
包大道,以观神明之域。⑥

【旧注】

①言圣智之不穷,若转圆之无止。转圆之无止,犹兽威无尽,故转圆法猛兽。

②圣心若镜,物感斯应,故不测之智、心术之要可知也。

③既以圣心原不测、通心术,故虽神道混沌,妙物杳冥,而能论其万类
之变,说无穷之义也。

④事至然后谋兴,谋兴然后事济。事无常准,故形容不同。圆者运转
无穷,方者止而有分;阴则潜谋未兆,阳则功用斯彰;吉则福至,凶则
祸来。凡此事皆反覆,故曰:事类不同也。

⑤此谓所谋圆方以下六事,既有不同,或多乖谬,故圣人法转圆之思,
以求顺通合也。

⑥圣人体道以为用,其动也神,其随也天,故兴造教化其功。动作先合
大道之理,以稽神明之域。神道不违,然后发施号令。

【译文】

心思智谋要像圆珠一样运转自如,就像猛兽的威势一样无穷无
尽。心思智谋像圆珠一样,便是指计谋没有穷尽。要使计谋无穷运
转,必须要有圣人的胸怀,从而探究不可估量的智慧,以这种不可估量
的智慧来通晓心术。自然之道是神妙莫测的,处于一种混沌的统一状

态。用变化的观点来讨论万事万物,所阐明的道理也是无穷无尽的。智慧谋略,各有各的形态。有的灵活圆转,有的方正直率,有的公开,有的隐秘,有的顺利,有的凶险,这是为了应付不同的事类。所以,圣人根据这种情况以运用智谋,像圆珠运转,以求计谋与事物状况相吻合。他发挥自然造化之道,谋略开始后的一切举动无不包容自然造化之道,从而能观察研究神妙莫测的领域。

【原文】

天地无极,人事无穷,各以成其类。见其计谋,必知其吉凶成败之所终也。①转圆者,或转而吉,或转而凶。圣人以道,先知存亡,乃知转圆而从方。②圆者,所以合语;方者,所以错事;转化者,所以观计谋;接物者,所以观进退之意。③皆见其会,乃为要结,以接其说也。④

【旧注】

①天地则独长且久,故无极;人事则吉凶相生,故无穷。天地以日月不过、陵谷不迁为成;人事以长保元亨、考终厥命为成。故见其计谋之得失,则吉凶成败之所终可知也。

②言吉凶无常准,故取类转圆,然圣人坐忘遗鉴,体同乎道,故先知存亡之所在,乃后转圆而从其方,弃凶而从吉。方,谓存亡之所在也。

③圆者,通变不穷,故能合彼此之语;方者,分位斯定,故可错有为之事。转化者,改祸为福,故可观计谋之得失;接物者,顺通人情,故可观进退之意、是非之事也。

④谓上四者,必见会之变,然后总其纲要而结之,则情伪之说可接引而尽也。

【译文】

　　天地无边无际，人事变化无穷，各自按照自然规律而各成其类。观察一个人的计谋，便可预测他的吉凶成败。计谋像圆珠一样运转变化，有的转化为吉，有的转化为祸。圣人凭借自然之道，能够预先了解事物的成败，因此能够灵活运转而确立方正的策略，抓住事物成败的关键。圆转灵活，是为了使彼此意见融洽；方正直率，是为了正确地处理事务。运转变化，是为了观察计谋的得失；接触外物，是为了观察别人进退的意图。只有了解事物的关键，把握对方的主要想法，才能跟对方紧密联合，使彼此的主张一致。

七、损兑

【原文】

　　损兑法灵蓍。[①]损兑者，机危之决也。[②]事有适然，物有成败，机危之动，不可不察。[③]故圣人以无为待有德，言察辞，合于事。[④]兑者，知之也；损者，行之也。[⑤]损之说之，物有不可者，圣人不为之辞也。[⑥]故智者不以言失人之言，故辞不烦而心不虚，志不乱而意不邪。[⑦]

【旧注】

①老子曰："塞其兑。"河上公曰："兑，目也。"庄子曰："心有眼。"然则，兑者谓以心眼察理也；损者谓减损他虑，专以心察也。兑能知得失，蓍能知休咎，故损兑法灵蓍也。

②几危之理，兆动之微，非心眼莫能察见，故曰：损兑者，几危之决也。

③适然者,有时而然也。物之成败,有时而然;几危之动,自微至著。若非情适远心,知机玄览,则不能知于未兆,察于未形,使风涛潜骇,危机密发,然后河海之量堙为穷流,一篑之积,叠成山岳,不谋其始,虽悔何之? 故曰:不可不察。

④夫圣人者,勤于求贤,密于任使,故端拱无为,以待有德之士。士之至也,必数奏以言,故曰:言察辞也。又明试以功,故曰:合于事也。

⑤用其心眼,故能知之;减损他虑,故能行之。

⑥言减损之说,及其所说之物,理有不可,圣人不生辞以论。

⑦智者听舆人之讼,采荛茏之言,虽复辩周万物,不自说也。故不以己能言而弃人之言,既有众言,故辞当而不烦,还任众心,故心诚而不伪,心诚言当,志意岂复乱哉!

【译文】

　　排除杂念,心神专一要效法灵验的蓍草。排除杂念,心神专一是发现事物变化征兆的方法。事件有偶然巧合,万物都有成有败。隐微的变化征兆,不可不仔细观察。所以,圣人用顺应自然的无为之道来对待所获得的情况,观察言辞要与事相结合。心神专一,是为了了解事物;排除杂念,是为了坚决行动。如果排除了杂念,进行了解说,外界还是不赞同,圣人也不强加辞令进行辩解。所以,圣人不因为自己的主张而排斥别人的主张,能够做到语言扼要而不烦琐,心里虚静而不乱想,志向坚定而不被扰乱,意念正当而不邪恶。

【原文】

　　当其难易,而后为之谋;因自然之道,以为实。①圆者不行,方者不止,是谓大功。益之损之，皆为之辞。^②用分威、散势之权，以见其兑，威其机危，乃为之决。^③故善损兑者，譬若决水于千仞之堤，转圆石于万仞之谿。^④而能行此者，形势不得不然也。

【旧注】

①失事而后谋生，改常而后计起，故心当其难易之际，然后为之谋。谋失自然之道，则事废而功亏，故必因自然之道，以为用谋之实也。

②夫谋之妙者，必能转祸为福，因败成功，追彼而成我也。彼用圆者，谋令不行；彼用方者，谋令不止。然则圆行方止，理之常也。吾谋既发，彼不得其常，岂非大功哉！至于谋之损益，皆为生辞，以论其得失也。

③夫所以能分威散势者，心眼之由也。心眼既明，机危之威，可知之矣。既知之，然后能决之。

④言善损虑以专心眼者，见事审，得理明，意决而不疑，志雄而不滞。其犹决水转石，谁能当御哉？

【译文】

　　根据事情的难易状况，然后制定谋略，顺应自然之道而进行谋划。如果能够使对方圆转灵活的策略不能实现，使对方方正直率的计谋不能确立，那我方就能成就大功。谋略的增减变化，都要仔细讨论得失。要善于利用"分威"、"散势"的权谋，发现对方的用心，了解隐微的征兆，然后再进行决断。总之，善于排除杂念而心神专一的人，他处理事情，就像挖开千丈大堤放水下流，或者像在万丈深谷中滚动圆滑的石头一样势不可当。而所以能这样做，是形势造成的必然结果。

持枢^①

【旧注】

①枢者,居中以运外,处近而制远,主于转动者也。故天之北辰,谓之
天枢;门之运转者,谓之户枢。然则,持枢者,动运之柄以制物也。

【题解】

　　枢,是门扉的转轴,主管门的开关。持枢,比喻掌握事物的关键。

【原文】

　　　　持枢,谓春生、夏长、秋收、冬藏,天之正也。^①
不可干而逆之;逆之者,虽成必败。^②故人君亦
有天枢,生养成藏。^③亦复不可干而逆之;逆之,
虽盛必衰。^④此天道,人君之大纲也。

【旧注】

①言春夏秋冬四时运行,不为而自然也。不为而自然,所以为正也。

②言理所必有、物之自然者,静而顺之,则四时行焉,万物生焉。若乃
干其时令,逆其气候,成者犹败,况未成者! 元亮曰:"含气之类,顺
之必悦,逆之必怒。况天为万物之尊而逆之?"

③言人君法天以运动,故曰亦有天枢。然其生、养、成、藏,天道之行
也;人事之正,亦复不别也。

④言干天之行,逆人之正,所谓倒置之。曰道非义而何? 此持枢之术,
恨太简促,畅理不尽,或篇简脱烂,本不能全也。

【译文】

所谓"持枢",讲的是掌握自然之道。春天萌生,夏天长成,秋天收
获,冬天储藏,这都是自然之道,是不可以扰乱和违背的;谁违背了它,
虽一时成功,也终归会失败。人君也有应该把握的自然之道,那就是
使百姓生息,使百姓安居乐业,把百姓教养成才,并爱护民力,不可使
用过度。这种顺应自然的为政之道也是不可扰乱和违背的,违背了
它,虽一时强盛,也终归会衰亡。这种顺应自然的为政之道,是人君治
国的基本纲领。

中经^①

【旧注】

①谓由中以经外,发于心本,以弥缝于物者也。故曰:中经。

【题解】

  《中经》篇的主旨是讲如何收服人心,使自己可以控制别人,掌握主动权。"中"是个多义词,在本篇使用"心"这个义项。因此,"中经"可说是游说之士的心传之经。本篇讲了很多具体的待人秘诀,包括"见形为容、象体为貌"、"闻声和音"、"解仇斗郄"、"缀去却语"、"摄心守义"等。这都是揣摩别人心理的笼络控制之术。

【原文】

  中经,谓振穷趋急,施之能言厚德之人;救拘执,穷者不忘恩也。^①能言者,俦善博惠;^②施德者,依道^③而救拘执者,养使小人。^④盖士,当世异时,或当因免阗坑,或当伐害能言,或当破德为雄,或当抑拘成罪,或当戚戚自善,或当败败自立。^⑤故道贵制人,不贵制于人也;制人者握权,制于人者失命。^⑥是以见形为容,象体为貌,闻声和音,解仇斗郄,缀去却语,摄心守义。^⑦《本经》纪事者纪道数,其变要在《持枢》《中经》。^⑧

【旧注】

① 振,起也。趋,向也。物有穷急,当振起而向护之。乃其施之,必在能言之士、厚德之人。若能救彼拘执,则穷者怀,终不忘恩也。

② 俦,类也。谓能言之士,解纷救难,虽不失善人之类,而能博行恩惠也。

③ 言施德之人,勤能修理,所为不失道也。

④ 言小人在拘执而能救养之,则小人可得而使也。

⑤ 阗坑,谓将有兵难,转死沟壑,士或有所因而能免斯祸者。伐害能言,谓小人当道,谮人罔极,故能言之士多被戮害。破德为雄,谓毁文德,崇兵战。抑拘成罪,谓贤人不章,横被缧绁。戚[戚自]善,谓天下荡荡,无复纲纪,而贤者守死善道,真心不渝,所谓岁寒然后知松柏之后凋也。败败自立,谓天未悔祸,危败相仍,君子穷而必通,终能自立,若管仲者也。

⑥ 贵有术而制人,不贵无术而为人所制者也。

⑦ 此总其目,下别序之。

⑧ 此总言《本经》《持枢》《中经》之义。言《本经》纪事但纪道数而已,至于权变之要,乃在《持枢》《中经》也。

【译文】

所谓"中经",说的是赈人穷困、救人急难。只有善于言辞而品德淳厚之人能够做到。救助那些处于困境的人,他们永远不会忘记恩惠。善于言辞的人,可以行善人之举,解纷救难,广泛地施行思惠;德行淳厚的人,能够遵循道义。救助处于困境的人,可以收服地位低下的人,使他听从使唤。士人,在动乱的时代中行为各有不同。有的人在困境中挣扎;有些善于辞令的人和有道德的人,碰上奸人当道而受到陷害;有的人被压抑甚至被拘捕成为罪人;有的人处于忧愁的环境中而能独善其身;有的人处于危败的境况中而能够自立。所以按照大道，以控制别人为贵，不以被别人控制为贵。控制别人的人掌握着权柄，被别人控制的人就不能掌握自己的命运。为了控制别人，常采用的方法有："见形为容、象体为貌"、"解仇斗郄"、"缀去却语"、"摄心守义"等。《本经》所记载的是各种道术，它的变化要点，则在《持枢》篇和本篇《中经》之中。

【原文】

> 见形为容，象体为貌者，谓交为之生也。①可以影响形容象貌而得之也。②有守之人，目不视非，耳不听邪，言必《诗》《书》，行不僻淫，以道为形，以德为容，貌庄色温，不可象貌而得也;如是隐情塞郄而去之。③

【旧注】

①见彼形，象其体，即知其容貌者，谓用爻卦占而知之也。
②谓彼人之无守，故可以影响形容象貌，占而得之。
③有守之人，动皆正直，举无淫僻，厥后昌盛，晖光日新，虽有辩士之舌，无从而得发，故隐情、塞隙，闭藏而去之。

【译文】

"见形为容、象体为貌"，就是根据和模仿对方的表情举止而做出相同的表情举止。这是为了游说矫情做作的国君，以博得他的欢心。因为，可以通过形象、声音、举止、容貌来了解矫伪之主的真情，取得他的信任。有德行和主见的人，眼睛不看错误的事物，耳朵不听邪恶的声音,说话一定按照《诗经》《尚书》,行为一定不偏颇过分;他的一举一动,一言一笑都遵循道德的要求,表情端庄,颜色温和。不可能凭借外表来了解这种人的真情并取得他的信任。遇见这种人,只有隐藏行迹悄悄地离开。

【原文】

　　　　闻声和音,谓声气不同,则恩爱不接。故商、角不二合,徵、羽不相配。[1]能为四声主者,其惟宫乎![2]故音不和,则不悲不是,以声散伤丑害者,言必逆于耳。[3]虽有美行盛誉,不可比目、合翼相须也,此乃气不合、音不调者也。[4]

【旧注】

[1]商金、角木、徵火、羽水,迭相克食,性气不同,故不相配合也。

[2]宫则土也,土主四季,四者由之以生,故为四声主也。

[3]散伤丑害,不和之音;音气不和,必与彼乖,故言其必逆于耳。

[4]言若音气乖彼,虽行誉美盛,非彼所好,则不可如比目之鱼、合翼之鸟两相须也。其有能令两相求应不与同气者乎?

【译文】

　　"闻声和音",就是听到对方的声音便用相同的声音去应和。这是因为,如果声音的性质不同,感情就不会相通。在五个音阶之中,商声和角声两者不相合,徵声和羽声也不相配;能够主宰协调四声的,大概只有宫声了!所以说,如果声音不和合,就不感人,也不协调;用声音散布丑恶有害的内容,一定听起来不顺耳。即使有美好的德行和盛大的声誉，彼此间也不能像比目鱼和比翼鸟那样相互密切合作，这就是因为彼此气质不合、语言不协调的缘故。

【原文】

解仇（斗郄），谓解羸微之仇；斗郄者，斗强也。[1]强郄既斗，称胜者，高其功，盛其势。[2]弱者哀其负，伤其卑，污其名，耻其宗。[3]故胜者斗其功势，苟进而不知退。[4]弱者闻哀其负，见其伤，则强大力倍，死而是也。[5]郄无极大，御无强大，则皆可胁而并。[6]

【旧注】

[1]辩说之道，其犹张弓，高者抑之，下者举之。故羸微为仇，从而解之；强者为隙，从而斗之也。

[2]斗而胜者，从而高其功、盛其势也。

[3]斗而弱者，从而哀其负劣，伤其卑小，污下其名，耻辱其宗也。

[4]知进而不知退，必有亢龙之悔。

[5]弱者闻我哀伤，则勉强其力，倍意致死，为我为是也。

[6]言虽为郄，非能强大；其于捍御，亦非强大。如是者，则以兵威胁令从己，而并其国也。

【译文】

"解仇"，是说要解除弱小者对自己的仇隙，跟他们和解；"斗郄"，是说要使有嫌隙的强大者之间相互斗争。有嫌隙的强者既然相互斗争，取胜的一方就会宣扬自己的武功，摆出盛大的威势；失败的一方，就会为自己的失败而悲哀,为自己地位低下而伤痛,为自己的名声感到污辱,为自己的宗族感到羞耻。取胜的一方宣扬自己的武功、威势,苟且进攻而不知退守;失败的一方,看到自己的损伤便奋发图强,于是增加了成倍的力量,并为此而拼死斗争。既然双方有了嫌隙,相互争斗,那么就不会很强大,都可以胁迫他们服从自己,甚至吞并他们。

【原文】

　　缀去者,谓缀己之系言,使有余思也。①故接贞信者,称其行,厉其志,言可为可复,会之期喜。②以他人之庶,引验以结往,明疑疑而去之。③

【旧注】

①系,属也。谓己令去而欲缀其所属之言,令后思而同也。
②欲令去后有思,故接贞信之人,称其行之盛美,厉其志令不怠。谓此美行,必可常为,必可报复。会通其人,必令至于喜悦者也。
③言既称行厉志,令其喜悦,然后以他人庶几于此者,引之以为成验,以结已往之心,又明己疑疑至诚,如是而去之,必思而不忘。

【译文】

　　"缀去"是联络离开自己的人,使彼此关系不中断。使用关心他的话语来挽留他,让他离开后还想念不止。对待忠贞守信的人,要称赞他的德行,鼓励他的志向,说他可以干一番事业,并欢迎他返回。他领会后,一定会满怀期望和喜悦。再引用昔人做过的相似的成功事例来验证自己的话,并表明自己的深厚眷念之情,然后再彼此分手。

【原文】

却语者，察伺短也。^①故言多必有数短之处，识其短验之。^②动以忌讳，示以时禁。^③然后结以安其心，收语盖藏而却之。^④无见己之所不能于多方之人。^⑤

【旧注】

①言却语之道，必察伺彼短也。

②言多不能无短，既察知其短，必记识之，以相取验之也。

③既有其短，则以忌讳动之，时禁示之，其人因以怀惧。

④其人既以怀惧，必有求服之情，然后结以诚信，以安其惧心，其向语盖利而却之，则其人之恩威固以深矣。

⑤既藏向语，又戒之曰：勿于多方人前见其所不能也。

【译文】

"却语"便是说出对方的短处和隐秘，因此首先必须伺察出他的短处。对方言语一多，必定有所失误，暴露出很多短处。要研讨他的短处，加以验证。并指出他的失言之处，触犯了当前的忌讳和禁令，从而打动他，抓住他的内心。然后，与他交好，使他安心，把话收藏起来，为他保密，再让他离开。一定不要把自己的弱点显示给见闻广博的人。

【原文】

摄心者，谓逢好学伎术者，则为之称远；^①方验之，惊以奇怪，人系其心于己。^②效之于人，验去乱其前，吾归诚于己。^③遭淫色酒者，为之

114

术,音乐动之,以为必死,生日少之忧。④喜以自
所不见之事,终可以观漫澜之命,使有后会。⑤

【旧注】

①欲将摄取彼心,见其好学伎术,则为作声誉,令远近知之也。

②既为作声誉,方且以道验其伎术,又以奇怪从而惊动之,如此则彼人
心系于己也。

③人既系心于己,又效之于时人,验之于往贤,然后更理其前所为,谓
之曰:"吾所以然者,归诚于彼人之己。"如此则贤人之心可得而摄。
乱者,理也。

④言将欲摄愚人之心,见淫酒色者,为之术,音乐之可说,又以过于酒
色,必之死地,生日减少,以此可忧之事以感动之也。

⑤又以音乐之事彼所不见者,以喜悦之,言终可以观,何必淫于酒色?
若能好此,则性命漫澜而无极,终会于永年。愚人非可以道胜说,故
惟音乐可以摄其心。

【译文】

　　"摄心"就是收服人心。如果碰上爱好学习、富有才艺的人,就为
他宣传,使他的名声传到远近各地;一旦他的才艺得到验证,自己便对
他的奇特之处表示惊叹。那么,这个人一定会把心交给自己。又使那
人的才艺在众人面前呈献出来,并用古人成功的事实来验证他从前的
表现,自己竭诚地为他高兴。如果遇上沉迷酒色的人,便使用音乐去
感动他,使他认识到贪恋酒色必然早死,从而产生担心生命短促的想
法。再用他所不知道的高雅事情来诱导他,使他喜悦,最终了解到人
生的广阔境界,最后他一定有所领会。

【原文】

守义者，谓守以人义，探心在内以合也①。探心，深得其主也；从外制内，事有系由而随之也②。故小人比人，则左道而用之，至能败家夺国③。非贤智，不能守家以义，不能守国以道。圣人所贵道微妙者，诚以其可以转危为安、救亡使存也④。

【旧注】

①义，宜也。宜探其内心，随其人所宜，遂人所欲，以合之也。

②既探知其心，所以得主深也。得主既深，故能从外制内；内由我制，则何事不行？故事有所属，莫不由随之也。

③小人以探心之术来比于君子，必以左道用权。凡事非公正者，皆曰小人。反道乱常，害贤伐善，所用者左，所违者公，百庆昏亡，万机旷素，家破国夺，不亦宜乎！

④道，谓中经之道也。

【译文】

"守义"是把握住别人的内心倾向，了解他安于什么。注意探讨对方的内心想法，以求彼此相合。深入探讨内心，就可以掌握那个人的主要思想。自己既然可以从外部来控制那个人的内心世界，办事便有了联系和途径，因此会无往不利，得心应手。如果小人紧密勾结，就会做歪门邪道的事。任用他们，就可能导致国破家亡。如果不是贤德和聪明的人，便不能用道义来治理家和国。圣人之所以推崇微妙之道的原因，就是因为它的确可以使得国和家转危为安，可以救亡图存。

六
韬

卷一　文韬

文师第一

【原文】

文王将田，史编布卜曰："田于渭阳，将大得焉。非龙、非螭(chī)、非虎、非罴，兆得公侯。天遗汝师，以之佐昌，施及三王。"

文王曰："兆致是乎？"

史编曰："编之太祖史畴为禹占，得皋陶，兆比于此。"

文王乃斋三日，乘田车，驾田马，田于渭阳，卒见太公，坐茅以渔。

【译文】

周文王准备去打猎，太史编占卜以后说："您这次在渭河北岸狩猎，将会有很大的收获，所得的不是龙，不是螭，不是虎，也不是罴，根据征兆将得到一位公侯之才。他是上天恩赐给您的导师，来辅佐您的事业，使之日渐昌盛，并且施惠于您的后代子孙。"

文王问："兆辞果真是这样的吗？"

史编回答说："我的远祖史畴曾为夏禹占卜，卜知得到皋陶，其征兆正与今天的相似。"

　　文王于是斋戒三天，然后乘着猎车，驾着猎马，到渭水北岸打猎。终于见到了太公，当时他正坐在长满茅草的河岸上钓鱼。

【原文】

　　　　文王劳而问之曰："子乐渔邪？"

　　　　太公曰："臣闻君子乐得其志，小人乐得其事。今吾渔，甚有似也，殆非乐之也。"

　　　　文王曰："何谓其有似也？"

　　　　太公曰："钓有三权：禄等以权，死等以权，官等以权。夫钓以求得也，其情深，可以观大矣。"

【译文】

　　文王上前向太公致以慰劳之意，并询问他："您喜欢钓鱼吗？"

　　太公回答说："我听说君子乐于实现自己的抱负，普通人乐于做好自己的事情。现在我钓鱼，其道理与这很相似，而并非真正喜欢钓鱼

这件事本身。"

文王问道："为什么说两者之间有相似之处呢？"

太公说："钓鱼包含三种权术含义。用厚禄收买人才，这是一种以饵诱鱼的权术；用重金招揽勇士，使其慷慨赴死，这也是一种以饵诱鱼的权术；用官职授予臣僚，使其效忠尽力，这也是一种以饵诱鱼的权术。凡是垂钓都是为了得到鱼，这里面的道理十分深奥，并可以用来观察和推论大事。"

【原文】

文王曰："愿闻其情。"

太公曰："源深而水流，水流而鱼生之，情也。根深而木长，木长而实生之，情也。君子情同而亲合，亲合而事生之，情也。言语应对者，情之饰也；言至情者，事之极也。今臣言至情不讳，君其恶之乎？"

【译文】

文王说："我愿意聆听其中的道理。"

太公说："水的源流深，水流就不息；水流不息，鱼类就能得以生存，这是自然的道理。树的根须深，枝叶就茂盛；枝叶繁茂，果实就能结成，这也是自然的道理。君子情投意合，就能亲密合作；亲密合作，事业就能够成功，这同样是自然的道理。言语应对，通常是用来表达感情的。能说真情实话，那是最好的事情。现在我说真情实话而毫不隐讳，您难道不反感吗？"

【原文】

文王曰："惟仁人能受正谏，不恶至情，何为其然？"

太公曰："缗微饵明，小鱼食之；缗调饵香，中鱼食之；缗隆饵丰，大鱼食之。夫鱼食其饵，乃牵于缗；人食其禄，乃服于君。故以饵取鱼，鱼可杀；以禄取人，人可竭；以家取国，国可拔；以国取天下，天下可毕。

"呜呼！曼曼绵绵，其聚必散；嘿嘿昧昧，其光必远。微哉！圣人之德，诱乎独见。乐哉！圣人之虑，各归其次，而树敛焉。"

【译文】

文王说："只有仁德之人才能接受正直的规谏，不厌恶真情实话，我怎么会反感呢？"

太公说："钓丝细微，鱼饵可见，小鱼就会来吃；钓丝适中，鱼饵味香，中鱼就会来吃；钓丝粗长，鱼饵丰盛，大鱼就会来吃。鱼儿贪食香饵，就会被钓丝牵住。人要得到君主的俸禄，就会服从君主的驱使。所以，用香饵钓鱼，鱼就可供烹食；用爵禄网罗人才，人才就能悉为己用；以家为基础取国，国就能据为己有；以国为基础取天下，天下就可全部征服。

"唉！土地幅员广大，国祚绵延久长，但如果不得人心，最后必定是烟消云散。有的国君虽然眼下默默无闻，但若能实施清明政治，那么，他的光辉必能普照四方。微妙啊！圣人之德，就在于独创地、潜移默化地争取人心。快乐啊！圣人之虑，就是使天下之人各得其所，并努力制定各种收揽人心的方法。"

【原文】

文王曰："树敛何若而天下归之？"

太公曰："天下非一人之天下，乃天下之天下也。同天下之利者，则得天下；擅天下之利者，则失天下。天有时，地有财，能与人共之者，仁也；仁之所在，天下归之。免人之死，解人之难，救人之患，济人之急者，德也；德之所在，天下归之。与人同忧、同乐、同好、同恶者，义也；义之所在，天下赴之。凡人恶死而乐生，好德而归利，能生利者，道也；道之所在，天下归之。"

文王再拜曰："允哉，敢不受天之诏命乎！"

乃载与俱归，立为师。

【译文】

文王问道："那么，该制定什么样的收揽人心的方法，才能够使得天下归顺呢？"

太公回答说："天下不是一个人的天下，而是天下人共同拥有的天下。能同天下之人共享天下利益的，就可以得到天下。而独占天下利益的，就会失掉天下。天有四时，地生财富，能同人们共同享受利用的，这就是仁爱，仁爱所在，天下之人就会归顺。免除人们的死亡，排解人们的苦难，拯救人们的祸患，周济人们的危急的，这就是恩德，恩德所在，天下就会归顺。和人们共历忧患，共享欢乐，好恶一致的，这就是道义，道义所在，天下之人就会争先恐后地去归附。人们无不厌恶死亡而乐于生存，喜欢恩德而追求利益，能为天下人创造利益的，这就是王道，王道之所在，天下就会归顺。"

文王拜了两次后说："您讲得太对了。我岂敢不接受上天的旨意！"于是，就把太公请上自己的猎车，一起回到国都，并拜太公为师。

盈虚第二

【原文】

文王问太公曰："天下熙熙，一盈一虚，一治一乱，所以然者，何也？其君贤不肖不等乎？其天时变化自然乎？"

太公曰："君不肖，则国危而民乱；君贤圣，则国安而民治。祸福在君，不在天时。"

【译文】

文王询问太公说："天下如此纷杂熙攘，有时强盛，有时衰弱，有时安定，有时混乱，它之所以这样，究竟是什么缘故？是因为君主贤与不贤差别的关系，还是因为天命变化自然嬗递的结果？"

太公回答说："君主不贤，则国家危亡而民众动乱；君主贤明，则国家安定而民众服从。所以，国家的祸福在于君主的贤明与否，而不在于什么天命。"

【原文】

文王曰："古之贤君可得闻乎？"

太公曰："昔者帝尧之王天下者，上世所谓

贤君也。”

【译文】

文王问：“古代贤君的情况，我可以听听吗？”

太公说：“从前帝尧统治天下，上古的人们都称道他为贤君。”

【原文】

文王曰：“其治如何？”

太公曰：“帝尧王天下之时，金银珠玉不饰，锦绣文绮不衣，奇怪珍异不视，玩好之器不宝，淫佚之乐不听，宫垣屋室不垩，甍、桷、椽、楹不斲，茅茨遍庭不剪。鹿裘御寒，布衣掩形，粝粱之饭，藜藿之羹。不以役作之故，害民耕绩之时。削心约志，从事乎无为。吏忠正奉法者尊其位，廉洁爱人者厚其禄。民有孝慈者爱敬之，尽力农桑者慰勉之。旌别淑德，表其门闾。平心正节，以法度禁邪伪。所憎者，有功必赏；所

爱者，有罪必罚。存养天下鳏寡孤独，振赡祸亡之家。其自奉也甚薄，其赋役也甚寡，故万民富乐而无饥寒之色。百姓戴其君如日月，亲其君如父母。"

文王曰："大哉！贤君之德也！"

【译文】

文王问："他是怎样治理国家的？"

太公说："帝尧统治天下的时候，不用金银珠玉做饰品，不穿锦绣华丽的衣服，不观赏珍贵奇异的物品，不把玩好之器视作宝贝，不听淫佚之音，不用白土粉饰宫廷的墙垣，不雕饰薨、楠、椽、楹，不修剪庭院中的茅草。以鹿皮为裘衣抵御寒冷，用粗布裁衣遮蔽身体，吃粗粮做的饭，喝野菜煮的汤。不因为征发劳役而妨害农民的耕织。抑制自己的欲望，清静无为。官吏中忠正守法的就升迁爵位，廉洁爱民的就增加俸禄。对人民中孝敬长辈、慈爱晚辈的人给予尊敬，对人民中尽力从事耕作、发展蚕桑的给予慰勉鼓励。区别善恶良莠，表彰褒扬善良人家。提倡心志公平、节操端正，并用法令制度来禁止邪恶诈伪。自己所厌恶的人，如果立有功勋，同样给予奖赏；自己所喜爱的人，如果犯有罪行，同样给予惩罚。慰问和赡养天下那些鳏、寡、孤、独的人，救济和赈赡那些遭受天灾人祸的家庭。自己的生活，则是非常的俭朴，征发民众的赋税劳役也很轻微。因此，天下民众富足安乐而没有饥寒的面容，百姓爱戴这样的君主就像景仰日月一样，亲近这样的君主就像亲近自己的父母一样。"

文王感叹地说："帝尧这位贤君的德行真是伟大啊！"

国务第三

【原文】

　　文王问太公曰："愿闻为国之大务,欲使主
尊人安,为之奈何?"

　　太公曰："爱民而已!"

　　文王曰："爱民奈何?"

　　太公曰："利而勿害,成而勿败,生而勿杀,
与而勿夺,乐而勿苦,喜而勿怒。"

【译文】

　　周文王询问太公说:"我希望倾听治国的根本道理,要想使君主受
到尊崇,民众得到安宁,应当怎么办呢?"

　　太公答道:"只要爱民就行。"

　　文王问道:"应当怎样爱民呢?"

　　太公说:"使民众获得利益而不要损害他们,使民众取得好收成而
不要耽误他们的农时,使民众生存下去而不要无辜加以杀戮,给予民

众好处实惠而不要掠夺侵占,使民众安乐而不要让他们蒙受痛苦,使民众喜悦而不要激起他们的愤怒。"

【原文】

文王曰:"敢请释其故。"

太公曰:"民不失务,则利之;农不失时,则成之;省刑罚,则生之;薄赋敛,则与之;俭宫室台榭,则乐之;吏清不苛扰,则喜之。民失其务,则害之;农失其时,则败之;无罪而罚,则杀之;重赋敛,则夺之;多营宫室台榭以疲民力,则苦之;吏浊苛扰,则怒之。故善为国者,驭民如父母之爱子,如兄之爱弟。见其饥寒,则为之忧;见其劳苦,则为之悲;赏罚如加于身,赋敛如取己物。此爱民之道也。"

【译文】

文王说:"请您解释一下其中的道理。"

太公说:"民众不失去职业,就是得到利益;农时不被耽误,就是促成了民众的生产;减省刑罚,就是保障了民众的生存;少征收赋税,就是给予民众实惠;少修缮宫室台榭,就是使民众安乐;官吏清廉不苛扰盘剥,就是让民众喜悦。反之,如果使民众失去职业,就是损害了他们的利益;农时受到耽误,就是败坏了他们的农事;民众无罪而妄加惩罚,就是对他们进行屠杀;横征暴敛,就是对他们进行掠夺;大肆营建宫室台榭而使民力疲惫,就是给民众造成痛苦;官吏贪污苛扰,就会激起民众的愤怒。所以,善于治理国家的君主,统驭民众就像父母爱护子女、兄长爱护弟妹一样。见到他们饥寒,就为其忧虑;见到他们劳苦,就为其悲痛;对民众施行赏罚,就像自己身受赏罚一样;向民众征收赋税,就像夺取自己的财物一样。这就是怎样爱民的道理。"

大礼第四

【原文】

文王问太公曰:"君臣之礼如何?"

太公曰:"为上惟临,为下惟沉;临而无远,沉而无隐。为上惟周,为下惟定;周则天也,定则地也。或天或地,大礼乃成。"

【译文】

周文王询问太公说:"君主与臣民之间的礼法应该怎样?"

太公回答道:"为君主的要能洞察下情,为臣民的要能驯服恭敬。洞察下情在于不疏远民众,驯服恭敬在于不隐瞒私情。为君主的要普施恩惠,为臣民的要安分守职。普施恩惠,要像苍天那样覆盖万物;安分守职,要像大地那样稳重厚实。君主效法苍天,臣民效法大地,这样君臣之间的礼法就可以圆满构成。"

【原文】

文王曰:"主位如何?"

太公曰:"安徐而静,柔节先定;善与而不争,虚心平志,待物以正。"

【译文】

文王问："处于君主地位的，应该怎样做才好？"

太公说："应该安详稳重而沉潜清静，应该柔和节制而胸有成竹，要善于施恩予民而不同他们争利，做到虚心静气而公道无私，处理事务公平正直。"

【原文】

文王曰："主听如何？"

太公曰："勿妄而许，勿逆而拒；许之则失守，拒之则闭塞。高山仰止，不可极也；深渊度之，不可测也。神明之德，正静其极。"

【译文】

文王问："做君主的应该怎样倾听意见？"

太公答道："既不要轻率地赞许，也不要粗暴地拒绝。轻率赞许就容易丧失主见，粗暴拒绝就容易闭塞言路。君主要像高山那样，使人仰慕不已；要像深渊那样，使人莫测其深。神圣英明的君主之德，就是清静公正达到极致。"

【原文】

文王曰："主明如何？"

太公曰："目贵明，耳贵聪，心贵智。以天下之目视，则无不见也；以天下之耳听，则无不闻也；以天下之心虑，则无不知也。辐辏并进，则明不蔽矣。"

【译文】

文王问:"做君主的怎样才能洞察一切呢?"

太公说:"眼睛贵在能明察,耳朵贵在能倾听,头脑贵在能思虑周详。依靠天下人的眼睛去观察,就能无所不见;凭借天下人的耳朵去倾听,就能无所不闻;利用天下人的头脑去思虑,就能无所不知。如果四面八方的意见消息都汇集到君主那里,那么君主就能够洞察一切而不受蒙蔽了。"

明传第五

【原文】

　　文王寝疾,召太公望,太子发在侧。曰:"呜呼! 天将弃予,周之社稷将以属汝。今予欲师至道之言,以明传之子孙。"

　　太公曰:"王何所问?"

【译文】

文王卧病在床,召见太公望,太子姬发也在旁边。文王叹息说:"唉! 上天将要终结我的生命了,周国的社稷大事就要托付给您。现在我想要听您讲讲先圣的至道之言,以便明确地传给子孙后代。"

太公问道:"大王您要问些什么呢?"

【原文】

　　文王曰:"先圣之道,其所止,其所起,可得闻乎？"

太公曰："见善而怠，时至而疑，知非而处，此三者，道之所止也；柔而静，恭而敬，强而弱，忍而刚，此四者，道之所起也。故义胜欲则昌，欲胜义则亡；敬胜怠则吉，怠胜敬则灭。"

【译文】

文王说："古代圣贤治国安民之道，所要废弃的是什么，所要推行的又是什么？这中间的道理，您可以讲给我听听吗？"

太公说："见到善事却怠惰不为，时机来临却迟疑不决，明知有错却泰然处之，这三种情况是先圣治国之道中所要废止的。柔和而能清静，谦恭而能敬慎，强大而能自居弱小，隐忍而能内蕴刚强，这四点就是先圣治国之道中所要推行的。所以，道义胜过私欲，国家就昌盛，私欲胜过道义，国家就衰亡；敬慎胜过怠惰，国家就祥和，怠惰胜过敬慎，国家就覆灭。"

六守第六

【原文】

　　文王问太公曰："君国主民者，其所以失之者何也？"

　　太公曰："不慎所与也。人君有六守、三宝。"

　　文王曰："六守者何也？"

　　太公曰："一曰仁，二曰义，三曰忠，四曰信，五曰勇，六曰谋，是谓六守。"

【译文】

　　文王询问太公道："统治国家、管理民众的君主，其之所以失去国家和民众的原因是什么？"

　　太公回答说："那是用人不慎所造成的。人君应当做到'六守'、'三宝'。"

　　文王问："'六守'是什么呢？"

　　太公说："一是仁爱，二是正义，三是忠诚，四是信用，五是勇敢，六是智谋。这就是所谓的'六守'。"

【原文】

　　文王曰："慎择六守者何？"

　　太公曰："富之而观其无犯，贵之而观其无骄，付之而观其无转，使之而观其无隐，危之而观其无恐，事之而观其无穷。富之而不犯者，

仁也；贵之而不骄者，义也；付之而不转者，忠
也；使之而不隐者，信也；危之而不恐者，勇也；
事之而不穷者，谋也。人君无以三宝借人，借
人则君失其威。"

【译文】

文王问："怎样慎重地选拔符合'六守'标准的人才呢？"

太公说："使他富裕，以观察他能否不逾越礼法；使他尊贵，以观察
他是否不骄傲自大；委以重任，来观察他是否能毫不犹豫地去完成任
务；指派他处理问题，来观察他是否能不隐瞒欺骗；让他置身危难，来
看他能否临危不惧；让他解决突发事件，来看他能否应付自如。富足
而能不逾越礼法的，是仁爱之人；尊贵而能不骄傲的，是正义之人；身
负重任而能毫不犹豫去做的，是忠诚之人；处理问题而能不隐瞒欺骗
的，是守信之人；身处危难而能无所畏惧的，是勇敢之人；面对突发事
件而能应付自如的，是有智谋之人。同时，君主不要把'三宝'交给他
人，如果把'三宝'交给他人，那么君主就会丧失自己的权威。"

【原文】

文王曰："敢问三宝？"

太公曰："大农、大工、大商，谓之三宝。农
一其乡，则谷足；工一其乡，则器足；商一其乡，
则货足。三宝各安其处，民乃不虑。无乱其乡，
无乱其族，臣无富于君，都无大于国。六守长，
则君昌；三宝完，则国安。"

【译文】

　　文王问："您指的'三宝'是什么？"

　　太公说："重视农业、手工业、商业，这三件事情叫作'三宝'。把农民聚集在一个地方进行生产，粮食就充足；把工匠聚集在一个地区进行生产，器具就充足；把商贾聚集在一个地区进行贸易，财货就充足。让这三大行业各安其业，民众就不会寻思变乱了。不要打乱这种区域经济组织，也不要拆散人们的家族组织。使臣民不得富于君主，城邑不得大于国都。具备'六守'标准的人才得到任用，那么君主的事业就昌盛兴旺；'三宝'发展完善，那么国家就能长治久安。"

守土第七

【原文】

　　文王问太公曰："守土奈何？"

　　太公曰："无疏其亲，无怠其众，抚其左右，御其四旁。无借人国柄，借人国柄，则失其权。无掘壑而附丘，无舍本而治末。日中必彗，操刀必割，执斧必伐。日中不彗，是谓失时；操刀不割，失利之期；执斧不伐，贼人将来。涓涓不塞，将为江河；荧荧不救，炎炎奈何；两叶不去，将用斧柯。是故人君必从事于富。不富无以为仁，不施无以合亲。疏其亲则害，失其众则败。无借人利器，借人利器，则为人所害，而不终其正也。"

【译文】

文王询问太公说："守卫国土应当怎么办？"

太公答道："不可疏远宗室亲族，不可怠慢广大民众，安抚左右近邻，控制天下四方。不要把治国大权委托给他人，如果把治国权柄交给他人，君主就会失去自己的权威。不要用挖掘沟壑的泥土去堆高土丘，不要舍弃根本而去追逐枝末。太阳正当中午，必须抓紧时机曝晒；拿起刀子，必须抓紧时机收割；手中执有斧钺，必须抓紧时机征伐。中午阳光充足时不曝晒，这叫作丧失机遇；拿起刀子不收割，就会失去有利的时机；手执斧钺不杀敌，坏人就会乘虚而入。涓涓细流不加堵塞，就会汇成滔滔江河；微弱的火星不扑灭，熊熊大火燃起时就将无可奈何；刚萌芽的嫩叶不除去，将来就得动用斧柯去砍伐。所以，做君主的必须努力使国家变得富强。不富强，就难以施行仁义，不施行仁义就无从团结宗亲。疏远自己的宗室亲族就会受害，失去自己的民众就会失败。不要把统御国家的权力交给别人，统治权交给他人，就会被人所害而得不到善终。"

【原文】

文王曰："何谓仁义？"

太公曰："敬其众，合其亲。敬其众则和，合其亲则喜，是谓仁义之纪。无使人夺汝威。因其明，顺其常。顺者任之以德，逆者绝之以力。敬之无疑，天下和服。"

【译文】

文王问："什么是仁义？"

太公说:"敬重自己的民众,团结自己的宗亲。敬重民众就上下和睦,团结宗亲就心情愉悦,这就是仁义的基本原则。不要让人侵夺你的权威。要做到明察是非,顺应常理去待人接物。对于顺从自己的人,就施以恩德加以任用;对于反对自己的人,就动用武力加以消灭。遵循上述原则而毫不迟疑,天下就会顺从而安宁了。"

守国第八

【原文】

　　　　文王问太公曰:"守国奈何?"

　　　　太公曰:"斋。将语君天地之经,四时所生,
　　仁圣之道,民机之情。"

　　　　王即斋七日,北面再拜而问之。

【译文】

　　文王询问太公道:"怎样才能保卫国家呢?"

　　太公说:"请您先行斋戒,然后我将告诉您有关天地运行的规律,四季万物生长的缘由,圣贤立国的道理,民心变化的情形。"

　　于是文王就斋戒七天,朝北面拜了两次,然后向太公询问。

【原文】

　　　　太公曰:"天生四时,地生万物。天下有民,
　　仁圣牧之。故春道生,万物荣;夏道长,万物成;
　　秋道敛,万物盈;冬道藏,万物寻。盈则藏,藏

则复起，莫知所终，莫知所始。圣人配之，以为天地经纪。故天下治，仁圣藏；天下乱，仁圣昌。至道其然也。

"圣人之在天地间也，其宝固大矣。因其常而视之则民安。夫民动而为机，机动而得失争矣。故发之以其阴，会之以其阳，为之先唱，天下和之。极反其常，莫进而争，莫退而让。守国如此，与天地同光。"

【译文】

太公说："天有四季的更替，地有万物的生长。天下有众多的民众，他们是由圣贤所统治的。春天的特征是滋生，所以万物欣欣向荣；夏天的特征是成长，所以万物繁荣茂盛；秋天的特征是收获，所以万物饱满成熟；冬天的特征是贮藏，所以万物潜藏不动。万物成熟就当收藏起来，收藏阶段过去后则又重新滋生，如此周而复始，循环往复，既无终了，也无起点。圣人参照效法这一自然规律，来作为治理国家的普遍原则。所以，天下大治，圣人仁君就隐藏不露；天下动乱，圣人仁君就拨乱反正，建功立业。这乃是必然的规律。

"圣人处于天地之间，他的地位作用的确重大。他遵循常理而治理天下，以使民众得到安定。民心浮动，就产生变乱的契机。一旦出现这种契机，就必然发生得失之争。这时圣人就秘密地发展自己的力量，等待时机成熟，就公开地进行征讨，首先为之倡导，天下必然群起响应。当变乱平息，一切恢复常态时，既不要进而争功，也无须退而让位。立国守业能做到这样，就可和天地同光而永恒长久！"

上贤第九

【原文】

　　文王问太公曰："王人者，何上，何下？何取，何去？何禁，何止？"

　　太公曰："王人者，上贤，下不肖；取诚信，去诈伪；禁暴乱，止奢侈。故王人者，有六贼七害。"

【译文】

　文王问太公说："对君主而言，什么样的人该尊崇？什么样的人该抑制？什么样的人该取用？什么样的人该除去？什么样的事该严禁？什么样的事该制止？"

　太公说："作为君主，应该尊崇贤人，压制无才无德之辈；取用忠诚信实的人，除去奸诈虚伪之辈；严禁暴乱的行为，制止奢侈的风气。所以对君主来说，应当警惕六贼、七害。"

【原文】

　　文王曰："愿闻其道。"

　　太公曰："夫六贼者：

　　"一曰，臣有大作宫室池榭，游观倡乐者，伤王之德。

　　"二曰，民有不事农桑，任气游侠，犯历法

禁,不从吏教者,伤王之化。

"三曰,臣有结朋党,蔽贤智,鄣主明者,伤王之权。

"四曰,士有抗志高节,以为气势,外交诸侯,不重其主者,伤王之威。

"五曰,臣有轻爵位,贱有司,羞为上犯难者,伤功臣之劳。

"六曰,强宗侵夺,陵侮贫弱者,伤庶人之业。

【译文】

文王说:"我愿意听听这些道理。"

太公说:"所谓六贼就是:

"第一,臣下中有大肆营建宫室亭池台榭,以供游玩观赏的,就会败坏君主的德行。

"第二,民众中有不从事农桑,纵意气,好游侠,违犯法令,不服从官吏管教的,就会败坏君主的教化。

"第三,臣子中有结党营私,排挤贤智,蒙蔽君主视听的,就会损害君主的权势。

"第四,士人中有心志高傲,标榜节操,自以为是,在外又结交诸侯,不尊重自己的君主的,就会损害君主的威严。

"第五,臣下中有轻视爵位,藐视上级,耻于为君主冒险犯难的,就会挫伤功臣的积极性。

"第六,强宗大族中有争相掠夺,欺压贫弱的,就会损害民众的生业。

【原文】

"七害者：

"一曰，无智略权谋，而以重赏尊爵之故，强勇轻战，侥幸于外，王者慎勿使为将。

"二曰，有名无实，出入异言，掩善扬恶，进退为巧，王者慎勿与谋。

"三曰，朴其身躬，恶其衣服，语无为以求名，言无欲以求利，此伪人也，王者慎勿近。

"四曰，奇其冠带，伟其衣服，博闻辩辞，虚论高议，以为容美，穷居静处，而诽时俗，此奸人也，王者慎勿宠。

"五曰，谗佞苟得，以求官爵；果敢轻死，以贪禄秩；不图大事，得利而动，以高谈虚论，说于人主，王者慎勿使。

"六曰，为雕文刻镂，技巧华饰，而伤农事，王者必禁之。

"七曰，伪方异伎，巫蛊左道，不祥之言，幻惑良民，王者必止之。

【译文】

"所谓的七害就是：

"第一，没有智略权谋，但为了获取重赏高爵的缘故，而强横恃勇，轻率赴战，企图侥幸立功，这种人，君主切勿让他担任将帅。

"第二，徒具虚名而无实才，言行不一，掩人之善，扬人之恶，到处钻营取巧，这种人，做君主的切勿同他共谋大事。

"第三，外表朴素，衣服粗劣，高谈无为，实则求名；阔论无欲，实是图利，这是虚伪之人，做君主的切勿同他亲近。

"第四，冠带奇特，衣服华丽，博闻善辩，高谈空论，以此来为自己脸上贴金，身居偏僻简陋之处，专门诽谤时事风俗，这是奸诈之人，对这种人，做君主的切勿宠爱他。

"第五，谗言谄媚，不择手段，以谋求高官尊爵；鲁莽急躁，轻率冒死，以贪取俸禄；不顾大局，见到利益就妄动，靠着高谈阔论，来讨得君主的欢心，这种人，做君主的切勿予以任用。

"第六，从事雕文刻镂、技巧华饰一类奢侈工艺，以致妨碍农业生产。对此，做君主的必须严加禁止。

"第七，用骗人的方术、奇特的技艺以及巫蛊等左道旁门、妖言咒语，来迷惑欺骗善良的民众。对此，做君主的必须坚决制止。

【原文】

"故民不尽力，非吾民也；士不诚信，非吾士也；臣不忠谏，非吾臣也；吏不平洁爱人，非吾吏也；相不能富国强兵，调和阴阳，以安万乘之主，正群臣，定名实，明赏罚，乐万民，非吾相也。

"夫王者之道如龙首，高居而远望，深视而审听。示其形，隐其情，若天之高不可极也，若渊之深不可测也。故可怒而不怒，奸臣乃作；可杀而不杀，大贼乃发。兵势不行，敌国乃强。"

文王曰："善哉！"

【译文】

"所以民众不尽力从事耕作,就不是好民众;士人不忠诚守信,就不是好士人;臣子不尽忠直谏,就不是好臣子;官吏不公平廉洁爱护百姓,就不是好官吏;宰相不能够富国强兵,调和各种矛盾,稳固君主的地位,匡正群臣的言行,核定名实,严明赏罚,使民众安居乐业,就不是好宰相。

"所以做君主的,有如隐而不现的龙头,置身于极高之处,远眺世间万物,深刻洞察问题,审慎听取意见。显示高大的形象,隐蔽内心的真情,就像苍天那样高高在上不可穷极,又如深渊那样深不见底无从测量。因此,君主如果当怒而不怒,奸臣就会兴风作浪;当杀而不杀,坏人恶徒就会乘机作乱;应当兴兵讨伐而不行动,敌国就会强大起来。"

文王说:"讲得真好啊!"

举贤第十

【原文】

文王问太公曰:"君务举贤而不获其功,世乱愈甚,以致危亡者,何也?"

太公曰："举贤而不用,是有举贤之名,而
无用贤之实也。"

【译文】

文王问太公说:"君主致力于举用贤能,但却不能够收到实效,社
会动乱愈演愈烈,以致国家陷于危亡,这是什么缘故呢?"

太公说:"选拔出贤能而不加以任用,这是空有选贤的虚名,而没
有用贤的实质。"

【原文】

文王曰:"其失安在?"

太公曰:"其失在君好用世俗之所誉,而不
得真贤也。"

文王曰:"何如?"

太公曰:"君以世俗之所誉者为贤,以世
俗之所毁者为不肖,则多党者进,少党者退。
若是,则群邪比周而蔽贤,忠臣死于无罪,奸
臣以虚誉取爵位,是以世乱愈甚,则国不免于
危亡。"

【译文】

文王说:"导致这种过失的原因在哪里?"

太公说:"导致这一过失的原因,是君主喜欢用世俗所称赞的人,
而没有得到真正的贤才。"

文王问道:"为什么这么说?"

太公说："君主以世俗所称赞的人为贤能，而以世俗所诋毁的人为不肖之徒，那么党羽多的人就得到任用，党羽少的人就遭到排斥。这样一来，奸邪之徒就会结党营私而埋没贤能，忠臣无罪而被置于死地，奸臣们则凭借虚名而攫取爵位，因此导致社会动乱愈演愈烈，而国家也就不能避免陷于危亡了。"

【原文】

文王曰："举贤奈何？"

太公曰："将相分职，而各以官名举人，按名督实。选才考能，令实当其名，名当其实，则得举贤之道也。"

【译文】

文王说："应该怎样举用贤能呢？"

太公说："要做到将相分工，并根据各级官职的设置要求分别举用人才，要按照官吏的职责标准督核其实际工作业绩。遴选各类人才，考查其能力强弱，使其德才条件与官位相称，官位同他的德才相当。这样就掌握了举用贤能的基本要领了。"

赏罚第十一

【原文】

文王问太公曰："赏所以存劝，罚所以示惩，吾欲赏一以劝百，罚一以惩众，为之奈何？"

太公曰："凡用赏者贵信，用罚者贵必。赏信罚，必于耳目之所闻见，则所不闻见者莫不阴化矣。夫诚，畅于天地，通于神明，而况于人乎？"

【译文】

文王问太公说："奖赏是用来鼓励人的，而惩罚则是用来警诫人的，我想要通过奖赏一人来鼓励百人，惩罚一人以警诫众人，应该怎么办呢？"

太公回答道："通常行施奖赏贵在守信，实施惩罚贵在必行。奖赏守信，惩罚必行，是人们耳朵能听到的，眼睛能看见的，而即便是不能听到和看见的，也能因此而潜移默化了。这种诚信，能够畅行于天地，上通于神明，更何况是对人呢？"

兵道第十二

【原文】

武王问太公曰："兵道如何？"

太公曰："凡兵之道莫过乎一。一者能独往独来。黄帝曰：'一者阶于道，几于神。'用之在于机，显之在于势，成之在于君。故圣王号兵为凶器，不得已而用之。

"今商王知存而不知亡，知乐而不知殃。夫存者非存，在于虑亡；乐者非乐，在于虑殃。今王已虑其源，岂忧其流乎？"

【译文】

周武王问太公说:"用兵的原则是什么?"

太公说:"一般用兵的原则,最重要的莫过于指挥上的高度统一。指挥统一,军队就能行动自由,所向披靡。黄帝曾经说过:'做到统一指挥就算是掌握了用兵的规律,从而能达到神妙莫测的用兵境界。'统一指挥这一原则,运用的关键在于把握时机,力量的显示在于利用态势,成功的枢机在于君主的所作所为。所以古代圣王称战争为凶器,只有在不得已的情况下才使用它。

"现在,商王只知道他的统治还存在,却不知道这种统治已濒临灭亡。只知纵情享乐,而不知大祸临头。国家能否长存,不在于眼下存在的事实,而在于居安思危;君主能否享乐,不在于眼前享乐的本身,而在于乐不忘忧。现在大王您已考虑到安危存亡这一根本问题,难道还用得着忧虑其他枝节问题吗?"

【原文】

武王曰:"两军相遇,彼不可来,此不可往,各设固备,未敢先发,我欲袭之,不得其利,为之奈何?"

太公曰:"外乱而内整,示饥而实饱,内精而外钝。一合一离,一聚一散,阴其谋,密其机,高其垒,伏其锐士,寂若无声,敌不知我所备。欲其西,袭其东。"

【译文】

武王说:"两军相遇,敌人不能来进攻我们,我们也不能去攻打敌人。双方都设置坚固的守备，谁都不率先发起进攻，我军想要袭击敌人，但又不具备有利的条件，应该怎么办呢？"

太公说："要外表假装混乱，而内部实际严整；外表假装缺粮，而实际给养充足；实际战斗力强大，而装作战斗力软弱。使军队或合或离、或聚或散，以迷惑敌人。要隐匿自己的谋略，保守自己的意图，加高巩固自己的壁垒，巧妙埋伏自己的精锐。士卒行动要隐若无形，寂若无声，从而使敌人无从知道我方的部署。想要从西边打击敌人，则先从东边进行佯攻，以调开敌人。"

【原文】

武王曰："敌知我情，通我谋，为之奈何？"

太公曰："兵胜之术，密察敌人之机而速乘其利，复疾击其不意。"

【译文】

武王说："敌人若已知道我军的情况，识破了我方的计谋，那又应该怎么办？"

太公说："作战取胜的方法，在于周密地察明敌情，把握住有利的战机，然后在敌人意识未及的情况下，予以猛烈的打击。"

卷二　武韬

发启第十三

【原文】

　　文王在酆，召太公曰："呜呼！商王虐极，罪杀不辜。公尚助予忧民，如何？"

【译文】

　　周文王在酆邑，召见太公，叹息道："唉！商纣王暴虐到了极点，任意杀害无辜之人。请您来帮助我拯救天下之民，您看该怎么办？"

【原文】

　　太公曰："王其修德以下贤，惠民以观天道。天道无殃，不可先倡；人道无灾，不可先谋。必见天殃，又见人灾，乃可以谋。必见其阳，又见其阴，乃知其心；必见其外，又见其内，乃知其意；必见其疏，又见其亲，乃知其情。

【译文】

太公说:"君主应该修养德行,礼贤下士,施惠于民,并观察天道的吉凶。当天道还没有降下祸殃的时候,不可首先倡导征讨。当人道还没有出现灾难的时候,不可首先谋划兴师。一定要见到出现了天灾,又看到了人祸,才可以谋划兴师征讨。一定要看到商王的公开言行,又了解他的秘密活动,才能够知道他的内心想法;一定要见到他的外在表现,又掌握他的内心情况,才能够了解他的真实意图。必须看见他在疏远什么人,又看见他在亲近近什么人,才能够洞察他的真情实感。

【原文】

"行其道,道可致也;从其门,门可入也;立其礼,礼可成也;争其强,强可胜也。

"全胜不斗,大兵无创,与鬼神通。微哉!微哉!

"与人同病相救,同情相成,同恶相助,同好相趋。故无甲兵而胜,无冲机而攻,无沟堑而守。

【译文】

"实行吊民伐罪之道,政治理想就可以实现;遵循正确的途径前进,统一天下的目的就可以达到;建立适应社会发展的礼乐制度,这样的制度就一定取得成功;争取确立强大的优势地位,强大的敌人就能够被战胜。

"以智谋取得全胜而不需经过战斗,以大军临敌而能完好无损,做到这一点,真可谓用兵如神。实在微妙啊! 微妙啊!

　　"能与人同疾苦而互相救援,同情感而互相保全,同憎恶而互相帮助,同爱好而共同追求。这样,就是没有军队也能取胜,没有冲车弩机也能进攻,没有壕沟也能防守。

【原文】

　　　　"大智不智,大谋不谋,大勇不勇,大利不利。利天下者,天下启之;害天下者,天下闭之。天下者非一人之天下,乃天下之天下也。取天下者,若逐野兽,而天下皆有分肉之心;若同舟而济,济则皆同其利,败则皆同其害。然则皆有启之,无有闭之也。

【译文】

　　"真正的智慧,不显现为外表的智慧;真正的谋略,不显现为外在的谋略;真正的勇敢,不显现为外表的勇敢;真正的利益,不显现为表面的利益。为天下人谋利益的,天下人都欢迎他;使天下人受祸害的,天下人都反对他。天下不是哪一个人的天下,而是天下所有人的天下。夺取天下就像是猎逐野兽一样,天下所有人都有分享兽肉的愿望;也好像同坐一艘船渡河一样,渡河成功,则大家都分享成功;渡河失败,则大家都遭受灾难。这样做,天下人就都欢迎他,而不会反对他了。

【原文】

　　　　"无取于民者,取民者也;无取于国者,取国者也;无取于天下者,取天下者也。无取民者，民利之；无取国者，国利之；无取天下者，天下利之。故道在不可见，事在不可闻，胜在不可知。微哉！微哉！

"鸷鸟将击，卑飞敛翼；猛兽将搏，弭耳俯伏；圣人将动，必有愚色。

【译文】

"表面上不是从民众那里掠取利益，实际上却是从民众那里得到利益；表面上不是从别国掠取利益，实际上却是从别国得到利益；表面上不是从天下掠取利益，实际上却是从天下取得利益。不掠取民众利益的，民众就给予他利益；不掠取他国利益的，他国就给予他利益；不掠取天下利益的，天下就给予他利益。所以，这种方法妙在使人看不见，这种事情妙在使人听不到，这种胜利妙在使人不可知。真是微妙啊！微妙啊！

"鸷鸟将要发起袭击时，必先收翼低飞；猛兽将要进行搏斗时，必先贴耳伏地；圣贤将要采取行动时，必先以愚钝的样子示人。

【原文】

"今彼殷商，众口相惑，纷纷渺渺，好色无极，此亡国之征也。吾观其野，草菅胜谷；吾观

其众,邪曲胜直;吾观其吏,暴虐残贼,败法乱
刑。上下不觉,此亡国之时也。

"大明发而万物皆照,大义发而万物皆利,
大兵发而万物皆服。大哉圣人之德!独闻独
见,乐哉!"

【译文】

"现在的殷商王朝,民众间流言四起,互相猜疑,社会上混乱不堪,
动乱不已。而统治者却依然荒淫奢侈,毫无节制,这乃是国家覆亡的
征兆。我看到他们的田野上,野草盖过了五谷;我观察他们的群臣,
邪恶之徒多过了正直之士;我观察他们的官吏,暴虐残酷,违法乱纪,
肆无忌惮。可是全国上下还是执迷不悟,这正是它该亡国的时候了。

"旭日当空则天下万物都能沐浴阳光,正义所至则天下万物都可
蒙受利益,大兵兴起则天下万物都会欣然归附。伟大啊,圣人的德化,
他独到的见地,无人能及,这才是最大的欢乐!"

文启第十四

【原文】

文王问太公曰:"圣人何守?"

太公曰:"何忧何啬,万物皆得;何啬何忧,
万物皆逜。政之所施,莫知其化;时之所在,莫
知其移。圣人守此而万物化,何穷之有,终而
复始!

【译文】

文王问太公："圣人治理天下该遵循什么原则？"

太公回答说："不必忧虑什么，也不必抑制什么，天下万物就能各得其所；不去抑制什么，也不去忧虑什么，天下万物就会繁荣生长。政令的施行，要使民众在不知不觉中受到感化，就好像时间一样，在不知不觉中自然推移。圣人遵循这一原则行事，则天下万物就会被潜移默化，周而复始而永无穷尽！

【原文】

"优之游之，展转求之；求而得之，不可不藏；既以藏之，不可不行；既以行之，勿复明之。夫天地不自明，故能长生；圣人不自明，故能名彰。

【译文】

"这种悠闲自如的无为政治，圣贤必须反复探求。既已探求到了，那就不可不秘藏于心。既然已把它秘藏于心，就不可不去贯彻实行。既然已经贯彻实行，也就不要把其中的奥妙明告世人。天地不显示自己的运行规律，所以才能促成万物生长；圣人不炫耀自己的英明，所以才能成就卓著的功业。

【原文】

"古之圣人聚人而为家，聚家而为国，聚国而为天下，分封贤人以为万国，命之曰'大纪'。陈其政教，顺其民俗，群曲化直，变于形容，万国不通，各乐其所，人爱其上，命之曰'大定'。呜呼！圣人务静之，贤人务正之。愚人不能正，故与人争。上劳则刑繁，刑繁则民忧，民忧则流亡。上下不安其生，累世不休，命之曰'大失'。

"天下之人如流水，障之则止，启之则行，静之则清。呜呼！神哉！圣人见其所始，则知其所终。"

【译文】

"古代的圣人把人们聚集在一起以组成家庭，把众多家庭聚集在一起以组成国家，把众多国家聚集在一起以组成天下，分封贤人使之成为万国诸侯，这一切可称之为治理天下的纲纪。宣传弘扬政治教化，顺应民众风俗习惯，化邪僻为正直，移风易俗。各国的习俗虽然不同，但如能使民众安居乐业，人人都尊敬爱戴他们的君主，这就叫作天下大定。唉！圣人致力于清静无为，贤君致力于端正身心。愚昧的君主不能端正自己的身心，所以会同民众相争。做君主的热衷于惹是生非，就会导致刑罚苛烦，刑罚苛烦就会导致民众心怀忧惧，民众心怀忧惧就会流离逃亡。上上下下惶恐忧惧，不安生业，以致长期动乱不休，这种情况就叫作政治大失。

"天下人心的向背就像流水一样，阻塞它就停止，开启它就流动，静止它就清澈。唉！太神妙莫测了。在这方面，只有圣人才能做到看见它的萌芽，并进而推断出它的结果。"

【原文】

文王曰："静之奈何？"

太公曰："天有常形，民有常生，与天下共其生而天下静矣。太上因之，其次化之。夫民化而从政，是以天无为而成事，民无与而自富，此圣人之德也。"

文王曰："公言乃协予怀，夙夜念之不忘，以用为常。"

【译文】

文王说："要使天下清静该怎么办？"

太公说："上天有一定的运行规律，民众也有一定的生活方式。君主如果能和天下民众共安生业，那么天下自然清静无事。所以说，最好的政治是顺从事物本性进行治理，其次是宣扬政教来感化人民，民众一经感化就会服从政令。所以，天道无为而能使万物生长，民众无需施与而能丰衣足食，这就是圣人的德治。"

文王说："您的话非常符合我的心意，我将朝思夕念，时刻不忘，把它作为治理天下的根本原则。"

文伐第十五

【原文】

　　文王问太公曰："文伐之法奈何？"

　　太公曰："凡文伐有十二节：

　　"一曰，因其所喜，以顺其志，彼将生骄，必有奸事，苟能因之，必能去之。

　　"二曰，亲其所爱，以分其威。一人两心，其中必衰。廷无忠臣，社稷必危。

　　"三曰，阴赂左右，得情甚深，身内情外，国将生害。

　　"四曰，辅其淫乐，以广其志。厚赂珠玉，娱以美人。卑辞委听，顺命而合。彼将不争，奸节乃定。

【译文】

　　文王问太公说："非军事打击的方法如何？"

　　太公答道："大凡非军事打击有十二种方法：

　　"第一，利用敌人的爱好，来顺从满足他的欲望。这样，他就会滋长骄傲情绪，肯定会去做邪恶的事情，我们如果能够巧妙地利用这一弱点，就必定能够将他除掉。

　　"第二，亲近拉拢敌国君主的近臣，以分化削弱敌人的力量。敌国近臣如果怀有二心，其忠诚程度必然降低。敌国朝廷上没有忠臣，整个国家必定面临危亡。

"第三,暗中贿赂收买敌国君主周围的大臣,和他们建立深厚的交情。这些人身居国内而心向我国,那么敌国就必将发生祸害。

"第四,助长敌国君主放纵的享乐行为,增强他的荒淫欲望,用大量珠宝贿赂他,赠送美女以供他淫乐。低声下气,曲意听从,顺从他的命令,迎合他的心意。这样,他就不会与我相争,而将放肆纵容自己的邪恶行为。

【原文】

"五曰,严其忠臣,而薄其赂。稽留其使,勿听其事,亟为置代。遗以诚事,亲而信之。其君将复合之。苟能严之,国乃可谋。

"六曰,收其内,间其外,才臣外相,敌国内侵,国鲜不亡。

"七曰,欲锢其心,必厚赂之;收其左右忠爱,阴示以利,令之轻业,而蓄积空虚。

"八曰,赂以重宝,因与之谋;谋而利之,利之必信,是谓重亲。重亲之积,必为我用。有国而外,其地大败。

【译文】

"第五,故意尊敬敌国的忠臣,只给他菲薄的礼物。当他出使前来交涉问题时,要故意加以拖延,不要对问题作出答复,以极力促成敌国君主更换使臣。使臣一换,便马上着手诚恳地解决所交涉的问题,向敌国表示亲近,以取得他们的信任。这样,敌国君主就会弥合与我国的关系了。如果能这样故意地尊敬敌国忠臣就能离间敌国君臣之间的关系，从而可以巧妙地谋取敌国了。

"第六，收买敌国朝廷内的大臣，离间敌国朝廷外的大臣。使其有才干的大臣里通外国，造成敌国内部互相倾轧，日趋衰弱。这样敌国就很少有不灭亡的了。

"第七，要想让敌国君主对我们深信不疑，就必须赠送他大量礼物加以笼络，同时收买他左右的亲信大臣，暗中给他们以种种好处，从而使敌国君臣忽视生产，造成其物资匮乏，国库空虚。

"第八，用贵重的金银财宝贿赂敌国君主，然后乘机与他同谋第三国，这种图谋是对他有利的。他得到利益后，必然会信任我们，这就密切了敌国与我方的关系。这种密切关系的发展，其结果必定为我所利用。他自己有国而反被外国所利用，这样的国家最终会遭到惨败。

【原文】

"九曰，尊之以名，无难其身；示以大势，从之必信，致其大尊；先为之荣，微饰圣人，国乃大偷。

"十曰，下之必信，以得其情；承意应事，如与同生；既以得之，乃微收之；时及将至，若天丧之。

"十一曰，塞之以道。人臣无不重贵与富，恶危与咎。阴示大尊，而微输重宝，收其豪杰。内积甚厚，而外为乏。阴纳智士，使图其计；纳勇士，使高其气。富贵甚足，而常有繁滋。徒党已具，是谓塞之。有国而塞，安能有国？

　　"十二曰,养其乱臣以迷之,进美女淫声以
惑之,遗良犬马以劳之,时与大势以诱之,上察
而与天下图之。

　　"十二节备,乃成武事。所谓上察天,下察
地,征已见,乃伐之。"

【译文】

　　"第九,用煊赫的名号尊崇他,不让他身临危难。给他以势倾天下
的假象,屈从他的意志,以取得他的信任,使他居于至高无上的地位;
先夸耀他的盖世功绩,再恭维他德比圣人,这样他必定妄自尊大而懈
怠废弛国事了。

　　"第十,对敌国君主表示卑微屈从,必然会取得他的信任,从而获
取其真实内情。秉承他的意志,满足他的要求,就像兄弟一样亲密。
获得他的信任后,就可以微妙地加以利用。等待时机成熟后,就像有
上天相助似的轻易把他消灭。

　　"第十一,要用各种方法去闭塞敌国君主的视听。凡是做臣民的
无不渴望地位和财富,厌恶危险和灾祸。所以要用暗中许诺尊贵的官
位、秘密赠送大量财宝的方法,来收买敌国的英雄豪杰。自己国内积
蓄充足,但在表面上则要假装贫乏。暗中收纳敌国的智谋之士,使他
与自己共图大计;秘密结交敌国的勇士,利用他来提高我方的士气。
要尽量满足这些人贪图富贵的欲望,并使这种欲望日趋强烈。这样敌
国的豪杰、智士、勇士就转而成为我们的党徒了,这就叫作闭塞敌国君
主的视听。敌国君主虽然还统治着国家,但视听既已被闭塞,这种统
治怎么还能维持呢?

　　"第十二,扶植敌国的乱臣,以迷乱其君主的心智;进献美女,以惑

乱其君主的意志;赠送良犬骏马,以疲劳其君主的身体;经常奏报有利的形势,以滋长其君主的骄傲。然后观察有利的时机,与天下人共同图谋敌国。

"在正确运用了这十二种文伐方法之后,就可以进一步采取军事行动了。这就是所谓的上察天时,下观地利,等到有利的征兆显现时,然后兴兵征伐敌国。"

顺启第十六

【原文】

文王问太公曰:"何如而可为天下?"

太公曰:"大盖天下,然后能容天下;信盖天下,然后能约天下;仁盖天下,然后能怀天下;恩盖天下,然后能保天下;权盖天下,然后能不失天下;事而不疑,则天运不能移,时变不能迁。此六者备,然后可以为天下政。

【译文】

文王问太公道:"怎样才能治理好天下呢?"

太公说:"器量盖过天下,然后才能包容天下;诚信盖过天下,然后才能约束天下;仁爱盖过天下,然后才能怀柔天下;恩惠盖过天下,然后才能保有天下;权势盖过天下,然后才能不失天下;遇事当机立断毫不迟疑,就像天体运行那样不能改变,四时更替那样不能变易。这六个条件都具备了,然后就可以治理天下了。

【原文】

　　"故利天下者，天下启之；害天下者，天下
闭之；生天下者，天下德之；杀天下者，天下贼
之；彻天下者，天下通之；穷天下者，天下仇之；
安天下者，天下恃之；危天下者，天下灾之。天
下者非一人之天下，唯有道者处之。"

【译文】

　　"所以，为天下人谋利益的，天下人就欢迎他；使天下人受祸害的，
天下人就反对他；使天下人得以生存的，天下人就感激他的恩德；使天
下人遭到杀戮的，天下人就仇视他的残暴；顺应天下人的意愿的，天下
人就拥护服从他；使天下人陷于穷困的，天下人就憎恨厌恶他；使天下
人安居乐业的，天下人就把他视为依靠；给天下人带来危难的，天下人
就把他看作灾星。天下并不是哪一个人的天下，只有道德高尚的人，
才能拥有治理天下的权利。"

三疑第十七

【原文】

　　武王问太公曰："予欲立功，有三疑：恐力
不能攻强、离亲、散众，为之奈何？"
　　太公曰："因之，慎谋，用财。夫攻强，必养
之使强，益之使张。太强必折，太张必缺。攻
强以强，离亲以亲，散众以众。

【译文】

　　武王问太公说:"我想要建功立业,但有三点疑虑:恐怕自己的力量还不足以进攻强敌、离间敌君的亲信和瓦解敌人的军队,您看该怎么办呢?"

　　太公说:"首先是因势利导,其次是慎用计谋,再次是使用钱财。进攻强敌,一定要先纵容他,使其恃强蛮横;放任他,使之气焰嚣张。敌人过于强横,必然遭到挫折;过于嚣张,必然导致失误。要进攻强大的敌人,必先助长敌人的强暴;要离间敌人的亲信,必先收买敌人的亲信;要瓦解敌人的军队,必先争取敌人的军队。

【原文】

　　　　"凡谋之道,周密为宝。设之以事,玩之以利,争心必起。

　　　　"欲离其亲,因其所爱,与其宠人,与之所欲,示之所利,因以疏之,无使得志。彼贪利甚喜,遗疑乃止。

【译文】

　　"运用计谋,以周密最为重要。许诺给敌人一些好处,给予敌人一些利益,这样,敌人内部就必然会自相争夺了。

　　"要想离间敌国君臣之间的关系,应当根据他们的个性爱好,并通过他们所宠爱亲近的人之手来进行。送给他们想得到的东西,许给他们以丰厚的利益。通过这些以疏远他们与其君主的关系,使他们不能有所作为。他们在得到种种利益后一定非常高兴,这样就不会对我们的图谋产生任何疑虑了。

【原文】

"凡攻之道,必先塞其明,而后攻其强,毁其大,除民之害。淫之以色,啖之以利,养之以味,娱之以乐。

"既离其亲,必使远民,勿使知谋,扶而纳之,莫觉其意,然后可成。

"惠施于民,必无忧财。民如牛马,数馈食之,从而爱之。

"心以启智,智以启财,财以启众,众以启贤。贤之有启,以王天下。"

【译文】

"通常进攻强大敌人的方法是:首先闭塞敌国君主的耳目,然后再进攻他强大的军队,摧毁他庞大的国家,以解除民众的痛苦。而闭塞敌人耳目的方法是:用女色腐蚀他,用厚利引诱他,用美味供养他,用靡靡之音迷乱他。

"既已离间了他的亲信,必须进一步使他疏远自己的民众,不要让他识破我们的计谋,引诱他堕入我方的圈套,而他自己则是毫无觉察,懵懂无知。这样我们就可成就大事了。

"施恩惠于广大民众,不要吝惜财物,民众就如同牛马一样,经常喂养他们,他们就会顺从和亲近你。

"心灵能够产生智慧,智慧能够产生财富,财富能够赢得民众,民众中能够涌现贤才。贤才涌现,就可以辅佐君主统驭天下。"

卷三　龙韬

王翼第十八

【原文】

　　武王问太公曰："王者帅师，必有股肱羽翼，以成威神，为之奈何？"

　　太公曰："凡举兵帅师，以将为命。命在通达，不守一术。因能受职，各取所长，随时变化，以为纲纪。故将有股肱羽翼七十二人，以应天道。备数如法，审知命理，殊能异技，万事毕矣。"

【译文】

　　武王问太公说："君主统率军队，必须有得力的辅佐之人，以造成非凡的威势，这该怎么办呢？"

　　太公回答说："凡举兵兴师，必须由将帅来掌握全军的命运。要掌握好全军的命运，他必须通晓和掌握全面情况，而无须专精于某项技能。因此，在用人上，应该做到量才授职，用其所长，灵活使用，并使之成为一项制度。所以，作为将帅需要有辅佐人员七十二人，以顺应天道,应付各种情况。按照这种方法设置助手,就算真正掌握了为将的道理;而能发挥各种人才的特殊才能,那么各项任务也就可以圆满完成了。"

【原文】

武王曰:"请问其目?"

太公曰:"腹心一人。主潜谋应卒,揆天消变,总揽计谋,保全民命。

"谋士五人。主图安危,虑未萌,论行能,明赏罚,授官位,决嫌疑,定可否。

"天文三人。主司星历,候风气,推时日,考符验,校灾异,知天心去就之机。

"地利三人。主三军行止形势,利害消息,远近险易,水涸山阻,不失地利。

"兵法九人。主讲论异同,行事成败,简练兵器,刺举非法。

"通粮四人。主度饮食,备蓄积,通粮道,致五谷,令三军不困乏。

"奋威四人。主择材力,论兵革,风驰电掣,不知所由。

"伏鼓旗三人。主伏鼓旗,明耳目,诡符节,谬号令,暗忽往来,出入若神。

"股肱四人。主任重持难,修沟堑,治壁垒,以备守御。

"通材三人。主拾遗补过,应偶宾客,论议

谈语,消患解结。

"权士三人。主行奇谲,设殊异,非人所识,行无穷之变。

"耳目七人。主往来听言视变,览四方之事,军中之情。

"爪牙五人。主扬威武,激励三军,使冒难攻锐,无所疑虑。

"羽翼四人。主扬名誉,震远方,摇动四境,以弱敌心。

"游士八人。主伺奸候变,开阖人情,观敌之意,以为间谍。

"术士二人。主为谲诈,依托鬼神,以惑众心。

"方士二人。主百药,以治金疮,以痊万病。

"法算二人。主计会三军营壁、粮食、财用出入。"

【译文】

武王说:"请问这方面的具体细节是怎样的?"

太公说:"腹心一人,主要任务是参赞谋划,应付突然变故,观测天象,消除祸患,总揽军政大计,保全民众生命。

"谋士五人,主要任务是谋划安危大事,考虑事物发展趋势,鉴定将士的品行才能,申明赏罚制度,授予各种官职,决断疑难问题,裁定事情的可否。

"天文三人,主要职责是观察日月星辰的运行,测度风云气象,推算时日吉凶,考察吉祥瑞兆,核验灾异现象,从而掌握天意向背的规律。

"地利三人,主要职责是察明军队行进、驻扎的地形状况,分析其利弊得失和种种变数,考察距离的远近、地形的险易,提供江河水情和山势险阻等情况,以确保军队作战不失地利。

"兵法九人,主要职责是探讨研究敌我形势的特点,分析讨论作战胜负的原因,选择适合不同条件下作战的兵器,检举揭发各种违法行为。

"通粮四人,主管计划粮秣供给,筹备物资储存,确保粮道畅通,征收筹集军粮,使军队供给不发生困难。

"奋威四人,主要任务是选拔有才能的勇士,配发优良的武器装备,以保障军队能够风驰电掣般行动,出其不意打击敌人。

"伏鼓旗三人,主要任务是管理军队的旗鼓,明确视听信号,制造假符节,发布假命令以迷惑敌人,忽来忽往,神出鬼没。

"股肱四人,主要任务是担负重要的使命,从事艰巨的工作,并清理沟堑障碍,构筑壁垒工事,以备守御。

"通材三人,主要任务是指出将帅的过失,以弥补他的疏漏。接待外来的使节,发表议论,讨论问题,以清除隐患,排解纠纷。

"权士三人,主要任务是筹划奇谋诡计,设计异术绝技,使人们无从识破其奥秘,而行无穷之变。

"耳目七人,主要任务是通过与外界往来,耳听风声,眼观动静,察知天下的形势,了解敌军的情况。

"爪牙五人,主要职责是弘扬我军的威武,激励三军的斗志,使他们敢于冒险犯难,攻坚破锐而无所迟疑和畏惧。

"羽翼四人,主要职责是宣扬将帅的威名声誉,使之震骇远方,动摇邻国,以达到削弱敌人斗志的目的。

"游士八人,主要职责是窥伺敌方的奸佞,刺探敌方的变乱,操纵敌国的人心,观察敌人的意图,承担间谍的重任。

"术士二人,主要职责是使用诡诈的手段,借助鬼神等迷信,来迷惑敌人军心。

"方士二人,主要任务是掌管各种药品,治疗创伤,医治疾病。

"法算二人,主要任务是核算军队的营垒、粮食及财用收支情况。"

论将第十九

【原文】

武王问太公曰:"论将之道奈何?"

太公曰:"将有五材、十过。"

武王曰:"敢问其目?"

太公曰:"所谓五材者,勇、智、仁、信、忠也。勇则不可犯,智则不可乱,仁则爱人,信则不欺,忠则无二心。

【译文】

　　武王问太公说:"评论将帅的原则是什么?"

　　太公说:"将帅应该具备五种美德,避免十种过失。"

　　武王说:"请问它的具体内容是什么?"

　　太公说:"所谓将帅的五种美德就是:勇敢、明智、仁慈、诚信和忠贞。勇敢就不会被侵犯,明智就不会被惑乱,仁慈就会爱护士卒,诚信就不会欺骗他人,忠贞就不会怀有二心。

【原文】

　　　　"所谓十过者,有勇而轻死者,有急而心速者,有贪而好利者,有仁而不忍人者,有智而心怯者,有信而喜信人者,有廉洁而不爱人者,有智而心缓者,有刚毅而自用者,有懦而喜任人者。

【译文】

　　"所谓将帅的十种过失就是:勇敢而不怕死,急躁而急于求成,贪婪而好功利,仁慈而流于姑息,聪明而胆怯怕事,诚信而轻信他人,廉洁而苛求部下,好思多谋而优柔寡断,坚强而刚愎自用,懦弱而好依赖别人。

【原文】

　　　　"勇而轻死者可暴也,急而心速者可久也,贪而好利者可遗也,仁而不忍人者可劳也,智而心怯者可窘也,信而喜信人者可诳也,廉洁

而不爱人者可侮也，智而心缓者可袭也，刚毅
而自用者可事也，懦而喜任人者可欺也。

【译文】

"勇敢而不怕死的，可以激怒他；急躁而急于求成的，可以拖垮
他；贪婪而好功利的，可以贿赂他；仁慈而流于姑息的，可以骚扰烦劳
他；聪明而胆怯怕事的，可以胁迫他；诚信而轻信他人的，可以欺诈
他；廉洁而苛求部下的，可以侮辱他；好思多谋而优柔寡断的，可以突
然袭击他；坚强而刚愎自用的，可以算计他；懦弱而好依赖别人的，可
以欺负他。

【原文】

"故兵者，国之大事，存亡之道，命在于将。
将者，国之辅，先王之所重也，故置将不可不察
也。故曰：兵不两胜，亦不两败。兵出逾境，期
不十日，不有亡国，必有破军杀将。"
    武王曰："善哉！"

【译文】

　　"战争，是国家的大事，它关系着国家的存亡，而其命运掌握在将帅的手中。将帅，是国家的辅佐，为历代君王所重视，所以任命将帅不可不认真考查。所以说：战争不可能双方都取得胜利，也不可能双方都遭到失败，只要军队越出国境，不出十天时间，不是一方亡国就必然是另一方破军杀将。"

　　武王说："说得好啊！"

选将第二十

【原文】

　　武王问太公曰："王者举兵，欲简练英雄，知士之高下，为之奈何？"

　　太公曰："夫士外貌不与中情相应者十五：有贤而不肖者，有温良而为盗者，有貌恭敬而心慢者，有外廉谨而内无至诚者，有精精而无情者，有湛湛而无诚者，有好谋而不决者，有如果敢而不能者，有悾悾(kōng)而不信者，有恍恍惚惚而反忠实者，有诡激而有功效者，有外勇而内怯者，有肃肃而反易人者，有嗃嗃(hè)而反静悫者，有势虚形劣而外出无所不至、无所不遂者。天下所贱，圣人所贵，凡人莫知，非有大明不见其际，此士之外貌不与中情相应者也。"

【译文】

武王问太公说:"君王兴师起兵,要选拔智勇双全的人充当将帅,想要知道他德行才能的高下,那应该怎么办?"

太公说:"士的外表与他的实际情况不相符合的情况有十五种:有外表贤明而实际不肖的;有貌似善良而实为盗贼的;有外似恭敬而内心傲慢的;有貌似廉洁谨慎而其实不忠诚的;有看起来精明能干而实无能耐的;有表面厚道而内心并不诚实的;有貌似多谋其实并不果断的;有看上去果断而其实无所作为的;有外表老实而实际不讲信用的;有表面上摇摆不定而其实忠诚可靠的;有言行过激而办事却有成效的;有貌似勇敢而实际内心胆怯的;有外貌很严肃而实际上平易近人的;有外貌严厉而内心温和厚道的;有外表虚弱、形貌丑陋但却能受命出使无所不至、办事无所不成的。总之,为天下普通人所轻视的,却往往是为圣人所推崇的。这是一般人所不知道的事情,除非有慧眼卓识,人们无法窥知其中的奥妙。以上这些,就是士的外表与他的内心不相一致的种种情形。"

【原文】

　　武王曰：“何以知之？”

　　太公曰：“知之有八征：一曰问之以言以观其辞，二曰穷之以辞以观其变，三曰与之间谍以观其诚，四曰明白显问以观其德，五曰使之以财以观其廉，六曰试之以色以观其贞，七曰告之以难以观其勇，八曰醉之以酒以观其态。八征皆备，则贤、不肖别矣。”

【译文】

　　武王问：“用什么办法能够真正了解他们呢？”

　　太公说：“了解他们，有八种方法：一是向他询问问题，看他能否把问题解释清楚；二是详尽盘问，看他的机敏和应变能力；三是通过间谍进行考验，观察他是否忠诚不二；四是明知故问，看他是否隐瞒，以考察他的德操；五是让他处理钱财事务，考查他是否廉洁；六是用女色进行试探，观察他的操守优劣；七是授予他困难危险的工作，考验他是否勇敢；八是使他痛饮醉酒，看他能否保持常态。八种方法都运用了之后，一个人是贤还是不肖，也就可以清楚区分了。”

立将第二十一

【原文】

　　武王问太公曰：“立将之道奈何？”

　　太公曰：“凡国有难，君避正殿，召将而诏

之曰:'社稷安危,一在将军。今某国不臣,愿
将军帅师应之。'

【译文】

武王问太公说:"任命将帅的方式是怎样的?"

太公说:"凡国家遭遇危难,国君就避开正殿,而在偏殿上召见主将,向他下达诏令说:'国家的安危,全系在将军你一人身上,现在某国反叛,请将军统率大军前往征讨。'

【原文】

"将既受命,乃命太史卜,斋三日,至太庙,钻灵龟,卜吉日,以授斧钺。君入庙门,西面而立;将入庙门,北面而立。君亲操钺持首,授将其柄曰:'从此上至天者,将军制之。'复操斧持柄,授将其刃曰:'从此下至渊者,将军制之。''见其虚则进,见其实则止,勿以三军为众而轻敌,勿以受命为重而必死,勿以身贵而贱人,勿以独见而违众,勿以辩说为必然。士未坐勿坐,士未食勿食,寒暑必同。如此,则士众必尽死力。'

【译文】

"主将接受任命后,国君就命太史进行占卜,先斋戒三天,然后前往太庙,钻灸龟甲,卜择吉日,向主将颁授斧钺。到了吉日,国君进入太庙门,面向西站立;主将也进入太庙门,面向北站立。国君亲自拿着钺的上部,把钺柄授交主将,申明:'从此,军中上至于天的一切事

务全由将军处置。'然后又亲自拿着斧柄，将斧刃授交主将，申明：'自此，军中下至于渊的一切事务全由将军裁夺。'[并进而致训词说：]'见敌人虚弱可乘机前进，见敌人强大难胜就停止。不要因为我军人数众多而轻敌，不要因为任务重大而拼死，不要因为自己身份尊贵就轻视部属，不要因为自己见解独到而拒绝众人意见，不要由于能说善辩而自以为是。士卒还没有坐下，你自己不要先坐；士卒还没有吃饭，你自己不要先吃，冷热都要与士卒相同。这样，士卒就一定会尽死力作战了。'

【原文】

　　"将已受命，拜而报君曰：'臣闻国不可从外治，军不可从中御。二心不可以事君，疑志不可以应敌。臣既受命专斧钺之威，臣不敢生还。愿君亦垂一言之命于臣！君不许臣，臣不敢将。'

【译文】

　　"主将接受任命后，向国君跪拜回答说：'我听说国家大事不可受外部的干预掣肘，军队作战不宜由君主在朝廷内遥控指挥。怀有二心就不能够忠诚侍奉君主，心存疑虑就不能够专心对付敌人。我既接受任命去执掌军事大权，不取得胜利就不敢活着回来。我希望国君您让我全权统辖一切。国君您若不予允许，我就不敢承担主将重任。'

【原文】

　　"君许之，乃辞而行。军中之事，不闻君命，

皆由将出,临敌决战,无有二心。若此,则无天
于上,无地于下,无敌于前,无君于后。是故智
者为之谋,勇者为之斗,气厉青云,疾若驰骛,
兵不接刃,而敌降服。战胜于外,功立于内,吏
迁士赏,百姓欢悦,将无咎殃。是故风雨时节,
五谷丰熟,社稷安宁。"

武王曰:"善哉!"

【译文】

"国君答应了主将这一请求,主将就辞别国君,率军出征。自此军
中的所有事务,不再听命于国君,而全部由主将做主。临敌作战,专心
一意。这样,主将进行军事活动,就可上不受天时限制,下不受地形掣
肘,前无敌人敢于抵抗,后无君主从中节制。所以智谋之士愿为他出
谋划策,勇武之人愿为他殊死战斗,士气昂扬直逼青云,行动迅捷有如
骏马驰奔,兵未交锋而敌人就已望风降服。战争取胜于国外,功勋建
树于朝廷,将吏获得晋升,士卒得到奖赏,全国百姓欢欣喜悦,主将本
人没有祸殃。于是就风调雨顺,五谷丰登,国家安宁。"

武王说:"说得真好啊!"

将威第二十二

【原文】

武王问太公曰:"将何以为威?何以为明?
何以为禁止而令行?"

太公曰："将以诛大为威,以赏小为明,以罚审为禁止而令行。故杀一人而三军震者,杀之;赏一人而万人悦者,赏之。杀贵大,赏贵小。杀及当路贵重之臣,是刑上极也;赏及牛竖、马洗、厩养之徒,是赏下通也。刑上极,赏下通,是将威之所行也。"

【译文】

武王问太公说:"主将用什么办法来树立威信?用什么办法来体现开明?用什么办法来做到有禁必止?有令而行?"

太公回答道:"主将通过诛杀地位高的人来树立威信,通过奖赏地位低的人来体现开明,通过赏罚审慎而严明的办法来做到所禁必止,所令必行。因此,杀一人而能使全军上下震惧的,就杀掉他;赏一人而能使三军之众喜悦的,就奖赏他。诛杀,重在诛杀地位高的人;奖赏,重在奖赏地位低的人。能诛杀那些身居要职的人物,这是刑罚触及了最上层;能奖赏那些牛倌、马夫等后勤人员,这是奖赏施行到了最下层。真正做到刑罚能及于最上层,奖赏能达到最下层,这就是将帅的威信得以树立和命令能够执行的原因所在。"

励军第二十三

【原文】

武王问太公曰:"吾欲令三军之众,攻城争先登,野战争先赴,闻金声而怒,闻鼓声而喜,为之奈何？"

太公曰："将有三胜。"

【译文】

武王问太公说："我想要使全军官兵，攻城时争先登城，野战时争先冲锋，听到停止的号令就愤怒，听到前进的号令就欢喜，应该怎么办才好？"

太公回答说："将帅有三种制胜之道。"

【原文】

武王曰："敢问其目？"

太公曰："将，冬不服裘，夏不操扇，雨不张盖，名曰礼将；将不身服礼，无以知士卒之寒暑。出隘塞，犯泥途，将必先下步，名曰力将；将不身服力，无以知士卒之劳苦。军皆定次，将乃就舍；炊者皆熟，将乃就食；军不举火，将亦不举，名曰止欲将；将不身服止欲，无以知士卒之饥饱。将与士卒共寒暑、劳苦、饥饱，故三军之众，闻鼓声则喜，闻金声则怒。高城深池，矢石繁下，士争先登；白刃始合，士争先赴。士非好死而乐伤也，为其将知寒暑、饥饱之审，而见劳苦之明也。"

【译文】

武王说："请说说它的具体内容好吗？"

太公说："作为将帅，能做到冬天不穿皮衣，夏天不用扇子，雨天不

张伞篷,这样的将帅叫作礼将;将帅如果不能以身作则,也就难以体会
士卒的冷暖。在翻越险阻关隘、通过泥泞道路时,将帅一定要先下车
马步行,这样的将帅叫作力将;将帅如果不能身体力行,也就无从体会
士卒的劳苦。军队都已宿营就绪,将帅才进自己营帐;军队的饭菜都
已做熟,将帅才就餐;军队未曾举火照明,将帅也不举火照明,这样的
将帅,叫作止欲将;将帅如果不能克制自己的欲望,就不能体会士卒的
饥饱。将帅能够和士卒们共冷暖,共劳苦,共饥饱,那么全军官兵就会
听到前进号令就欢喜,听到停止号令就愤怒。攻打高城深池时,即使
面临箭石俱下的危险,士卒们也能争先恐后奋勇登城;进行野战时,双
方刚一交锋,士卒就会争先冲锋向前。士卒们并不是喜欢死亡,乐于
伤残,而是因为他们的将帅关心自己的冷暖和饥饱,体恤自己的劳苦,
因此深受感动而甘愿尽力报效国家。"

阴符第二十四

【原文】

　　武王问太公曰:"引兵深入诸侯之地,三军
卒有缓急,或利或害,吾将以近通远,从中应外,
以给三军之用,为之奈何?"

【译文】

　　武王问太公说:"统率军队深入到敌国境内,全军突然遇有紧急情
况,有些对我军有利,有些对我军不利,我想从近处通知远方,从国内
策应外地,以适应三军行动的需要,应当怎么办才好呢?"

【原文】

　　太公曰："主与将有阴符,凡八等:有大胜克敌之符,长一尺;破军擒将之符,长九寸;降城得邑之符,长八寸;却敌报远之符,长七寸;警众坚守之符,长六寸;请粮益兵之符,长五寸;败军亡将之符,长四寸;失利亡士之符,长三寸。诸奉使行符,稽留者,若符事泄,闻者、告者皆诛之。八符者,主将秘闻,所以阴通言语,不泄中外相知之术。敌虽圣智,莫之能识。"

　　武王曰:"善哉!"

【译文】

　　太公答道:"君主给予主将有秘密的兵符,一共分为八种:有我军大获全胜、聚歼敌人的阴符,其长度为一尺;有击破敌军、擒获敌将的阴符,其长度为九寸;有迫敌弃城投降、夺取敌之城邑的阴符,其长度为八寸;有击退敌人、通报战情的阴符,其长度为七寸;有激励将士、坚固守御的阴符,其长度为六寸;有请求粮饷、增加兵力的阴符,其长度为五寸;有通报军队战败、将领阵亡情况的阴符,其长度为四寸;有报告战斗失利、士卒伤亡消息的阴符,其长度为三寸。凡是奉命传递阴符的,如有延误时间、泄露机密,无论是传播的还是听传播的,都一律处死。这八种阴符,由君主和将帅秘密掌握,它是一种用来暗中传递消息,而不泄露朝廷与战场之间秘密的通讯手段。敌人即便是聪明之极,也无从识破它的奥秘。"

　　武王说:"高明啊!"

阴书第二十五

【原文】

> 武王问太公曰："引兵深入诸侯之地，主将
> 欲合兵，行无穷之变，图不测之利，其事烦多，
> 符不能明，相去辽远，言语不通，为之奈何？"

【译文】

武王问太公说："统率军队深入敌国境内，国君与主将想要集结兵力，根据敌情灵活应变，谋求夺取出其不意的胜利，然而事情复杂繁多，用阴符说明不了问题，彼此相距又非常遥远，言语难以传达，那该怎么办？"

【原文】

太公曰："诸有阴事大虑,当用书,不用符。主以书遗将,将以书问主,书皆一合而再离,三发而一知。再离者,分书为三部;三发而一知者,言三人,人操一分,相参而不相知情也。此谓阴书,敌虽圣智,莫之能识。"

武王曰："善哉!"

【译文】

太公回答道:"这种密谋大计,就应当用阴书来传达,而不用阴符。国君用阴书向主将传达意图,主将则用阴书向国君请示问题,这些阴书都是'一合而再离'、'三发而一知'。所谓'一合而再离',就是把一封书信分为三个部分;所谓'三发而一知',就是派三个人送信,每人各送一部分,相互参差,使每个人都不了解书信的内容。这就叫作阴书,即使敌人聪明异常,也不能识破我方的秘密。"

武王说:"高明啊!"

军势第二十六

【原文】

武王问太公曰:"攻伐之道奈何?"

太公曰:"势因敌家之动,变生于两陈之间,奇正发于无穷之源。故至事不语,用兵不言。

且事之至者，其言不足听也；兵之用者，其状不足见也。倏而往，忽而来，能独专而不制者，兵也。夫兵闻则议，见则图，知则困，辨则危。故善战者，不待张军；善除患者，理于未生；善胜敌者，胜于无形；上战无与战。故争胜于白刃之前者，非良将也；设备于已失之后者，非上圣也；智与众同，非国师也；技与众同，非国工也。事莫大于必克，用莫大于玄默，动莫神于不意，谋莫善于不识。夫先胜者，先见弱于敌，而后战者也，故事半而功倍焉。

【译文】

武王问太公说："进攻作战的原则是什么？"

太公回答说："战场态势是根据敌人的行动而因势利导，战术变化是根据战场情况而灵活处置，奇正运用则靠将帅的慧心独创而变化无穷。所以最高的机密不可泄露，用兵的艺术不能外传。机密到了最高层次，自然只能会之于心而不能表现为言语，而军队作战的部署，自然也只能隐秘莫测而不可暴露于外界。飘然而往，忽然而来，能独断专行而不受制于人，这就是用兵的艺术。军事机密泄露，敌人就会采取对策；军队行动暴露，我军就会被敌人算计图谋；军事秘密被敌人掌握，我军就会陷入困境；作战企图被敌人判明，我军就会遭遇危险。所以善于用兵的，取胜于动用军队之前；善于消除祸患的，能够防患于未然；善于打胜仗的，能够取胜于无形之中。最高明的作战艺术，就是造成无人敢与我为敌的局面。因此，通过身冒刃锋殊死搏斗而赢得胜利的，不是良将；打了败仗再来部署守备的，不是智士；

智慧谋略与众相同的，不能称为国师；才能技艺与众相同的，不能称为国工。军事上最重要的莫过于所攻必克；用兵上最重要的莫过于严守机密；行动上最重要的莫过于出敌不意；谋略上最高明的莫过于神妙莫测。凡是未战而先胜的，都是先未示弱于敌，然后再进行决战，这样便可收到事半功倍的奇效。

【原文】

"圣人征于天地之动，孰知其纪，循阴阳之道而从其候；当天地盈缩因以为常；物有死生，因天地之形。故曰：未见形而战，虽众必败。

【译文】

"圣人观察天地的运动，反复探求其变化的规律，遵循阴阳消长的规律以了解事物运动的规律，根据天地间万物盛衰的原理以确立行动的规则。万物的一生一死，一枯一荣，都是其因循天地运动的规律而自然变化演衍的结果。所以说，没有看清整个形势就贸然作战，军力虽多也必然失败。

【原文】

"善战者，居之不挠，见胜则起，不胜则止。故曰：无恐惧，无犹豫。用兵之害，犹豫最大；三军之灾，莫过狐疑。善战者，见利不失，遇时不疑，失利后时，反受其殃。故智者从之而不释，巧者一决而不犹豫，是以疾雷不及掩耳，迅电不及瞑目，赴之若惊，用之若狂，当之者破，

185

近之者亡，孰能御之？

　　"夫将有所不言而守者，神也；有所不见而视者，明也。故知神明之道者，野无衡敌，对无立国。"

　　武王曰："善哉！"

【译文】

　　"善于指挥作战的人，按兵不动、等待时机不被假象所干扰，看到有胜利把握就行动，看到无胜利希望就停止。所以说，不要恐惧，不要犹豫，用兵最严重的弊病就是犹豫，军队最可怕的灾难就是狐疑。善于指挥作战的人，看到有利的情况决不放过，遇上有利的时机从不迟疑，如果失掉机会错过时机，自己反而会遭祸殃。所以，机智的人抓住战机决不放过，聪明的人一经决定决不犹豫。所以投入战斗时才能像迅雷一样使人来不及掩耳，像闪电一样使人来不及闭目。前进时如同惊马，作战时有如发狂，抵挡的就被击破，靠近的均被消灭，这种军队有谁能够抵御呢？

　　"作为将帅，能不动声色而胸有成竹的叫作神；能眼睛不看即可洞察细微的叫作明。所以，掌握了这种不言而知、不见而察的神明道理的，就能够做到野无强敌，世无敌国。"

　　武王说："您说得好啊！"

奇兵第二十七

【原文】

武王问太公曰："凡用兵之道，大要何如？"

太公曰："古之善战者，非能战于天上，非能战于地下，其成与败，皆由神势，得之者昌，失之者亡。夫两陈之间，出甲陈兵，纵卒乱行者，所以为变也；深草蓊蘙者，所以逃遁也；溪谷险阻者，所以止车御骑也；隘塞山林者，所以少击众也；坳泽窈冥者，所以匿其形也；清明无隐者，所以战勇力也；疾如流矢，如发机者，所以破精微也；诡伏设奇，远张诳诱者，所以破军擒将也；四分五裂者，所以击圆破方也；因其惊骇者，所以一击十也；因其劳倦暮舍者，所以十击百也；奇伎者，所以越深水渡江河也；强弩长兵者，所以逾水战也；长关远候，暴疾谬遁者，所以降城服邑也；鼓行喧嚣者，所以行奇谋也；大风甚雨者，所以搏前擒后也；伪称敌使者，所以绝粮道也；谬号令与敌同服者，所以备走北也；战必以义者，所以励众胜敌也；尊爵重赏者，所以劝用命也；严刑重罚者，所以进罢怠也；一喜一怒、一与一夺、一文一武、一徐一疾者，所以调和三军、制一臣下也；处高敞者，所以警守也；

保险阻者,所以为固也;山林茂秽者,所以默往来也;深沟高垒,粮多者,所以持久也。

【译文】

武王问太公说:"用兵的法则,其要领是什么?"

太公回答说:"古代善于用兵打仗的人,并不是能战于天上,也不是能战于地下,他的成功或失败,全在于是否能造成神秘莫测的态势。能造成这种态势的就胜利,不能造成这种态势的就失败。当两军对阵交锋时,卸下铠甲,放下武器,放纵士卒混乱行列,目的是为了变诈诱惑敌人。占领草木茂盛地带,这是为了隐蔽撤退部队。占领溪谷险阻地段,这是为了阻止敌人战车和骑兵的行动。占领险隘关塞、山林地域,这是为了便于以少击众。占领低谷、水泽这类幽深昏暗地域,目的是为了隐蔽自己军队的行动。占领平坦开阔的地区,这是为了同敌人比勇斗力,一决雌雄。行动快如飞箭,突击猛如机弩,这是为了打破敌人原来的深谋妙计。巧妙埋伏,设置奇兵,虚张声势,诱骗敌人,这是为了击破敌军,擒捉敌将。四面出击,多头进攻,这是为了打破敌人的方阵和圆阵。乘敌惊慌失措之际发起进攻,这是为了达到以一击十的效果。乘敌人疲惫不堪、夜晚宿营之际实施攻击,这是为了实现以十击百的目的。利用奇妙的手段架桥造船,这是为了飞越大水横渡江河。使用强弩和长兵器,这是越水作战的需要。在边远处设置关卡,派遣侦察人员,迅速行动,不拘常法的,这是为了袭取敌人的城邑。故意大声喧哗鼓噪前进,这是为了乘机施行奇计妙策。利用大风暴雨天气展开行动,这是为了达到攻前袭后多方进击的目的。假扮成敌人使者,潜入敌区的,这是为了切断敌军的粮道。诈用敌人号令,穿上敌军服装的,是为了准备撤退。临战之前对官兵晓以大义,这是用来激励士气以战胜敌人的方法。加封官爵,加重奖赏,这是用来鼓励部下为自己效命的方法。实行严刑重罚,这是用以振奋士气、摆脱疲怠的方法。有喜有怒,有赏有罚,有礼有威,有慢有快,这是用以协调军队的意志和统一属下行动的方法。占领高大而又视野开阔的地形,这是为了利于警戒和守备。保守住险隘关塞等要地,这是为了巩固自己的防御。驻扎在山深林密的地方,这是为了隐蔽自己军队的往来行动。深挖壕沟,高筑壁垒,多储粮秣,这是为了准备持久作战。

【原文】

"故曰:不知战攻之策,不可以语敌;不能分移,不可以语奇;不通治乱,不可以语变。故曰:将不仁,则三军不亲;将不勇,则三军不锐;将不智,则三军大疑;将不明,则三军大倾;将不精微,则三军失其机;将不常戒,则三军失其备;将不强力,则三军失其职。故将者,人之司命,三军与之俱治,与之俱乱;得贤将者,兵强国昌;不得贤将者,兵弱国亡。"

武王曰:"善哉!"

【译文】

"所以说:不懂得攻战的策略,就谈不上对敌作战;不会分进合击、灵活机动地使用兵力,就谈不上出奇制胜;不通晓军队治乱的关系,就谈不上随机应变。所以说,将帅不仁慈,军队就不会拥护他;将帅不勇敢,军队就会没有战斗力;将帅不机智,军队就会滋生疑惧;将帅不精明,军队就会遭到惨败;将帅考虑问题不审慎,军队就会丧失战机;将帅缺乏警惕性,军队就会疏于戒备;将帅领导不坚强有力,军队就会懈怠玩忽职守。所以,将帅是整个军队命运的主宰,军队要么同他一起严整有序,要么同他一道混乱不堪。得到贤明能干的将帅,就会兵强国昌;得不到贤明能干的将帅,就会兵弱国亡。"

武王说:"说得真好啊!"

五音第二十八

【原文】

武王问太公曰:"律音之声,可以知三军之消息,胜负之决乎?"

太公曰:"深哉!王之问也。夫律管十二,其要有五音——宫、商、角、徵、羽,此其正声也,万代不易。五行之神,道之常也,可以知敌。金、木、水、火、土,各以其胜攻之。

【译文】

武王问太公说:"从律管发出的乐音中,可以了解军队力量的盛衰,预知胜负的结果吗?"

太公说:"您的问题真是深奥!律管共有十二个音阶,其中主要的有五个——宫、商、角、徵、羽。这是最基本最纯正的声音,千秋万代都不会改变的。五行相生相克,神妙无比,这乃是天地间的自然规律,借此可以测知敌情的变化。金、木、水、火、土五行,各以其生克关系取胜,用兵打仗也是以其胜攻其不胜啊!

【原文】

"古者三皇之世，虚无之情以制刚强。无有文字，皆由五行。五行之道，天地自然。六甲之分，微妙之神。其法：以天清静，无阴云风雨，夜半，遣轻骑往至敌人之垒，去九百步外，遍持律管当耳，大呼惊之。有声应管，其来甚微。角声应管，当以白虎；徵声应管，当以玄武；商声应管，当以朱雀，羽声应管，当以勾陈；五管声尽不应者，宫也，当以青龙。此五行之符，佐胜之征，成败之机。"

武王曰："善哉！"

【译文】

"古代三皇的时候，崇尚虚无清静、无为而治，以制服刚强暴虐。当时没有文字，一切都按五行生克关系行事。五行生克的原理，就是天地间的自然法则。六甲的分合，其道理一样深奥玄妙。军事上运用五音五行的方法是：当天气清明晴朗，没有阴云风雨时，于夜半时分派遣轻骑前往敌人营垒，在距离敌营九百步以外的地方，都手持律管对着耳朵，向敌方大声疾呼以惊动他们。这时，就会有来自敌方的回声反应于律管之中，当然这回声是非常微弱的。如果是角声反应于律管中，就应当命令军队根据白虎的时空方位从西边去攻打敌人；如果是徵声反应于律管中，就应当命令军队根据玄武的时空方位从北面去攻打敌人；如果是商声反应于律管中，就应当命令军队根据朱雀的时空方位从南面去攻打敌人；如果是羽声反应于律管中，就应当命令军队根据勾陈的时空方位从中央去攻打敌人；所有律管都没有回声的是宫声的反应，这时应当命令军队根据青龙的时空方位从东边去攻打敌人。所有这些就是五行相生相克的应验，辅佐军队制胜的征兆，用兵胜败的关键。"

武王说："说得太好了！"

【原文】

太公曰："微妙之音，皆有外候。"

武王曰："何以知之？"

太公曰："敌人惊动则听之。闻枹鼓之音者，角也；见火光者，徵也；闻金铁矛戟之音者，商也；闻人啸呼之音者，羽也；寂寞无闻者，宫也。此五者，声色之符也。"

【译文】

太公说："再微妙的音律，都有外在的征候。"

武王说："怎样才能知道呢？"

太公说:"当敌人惊动时就仔细倾听。听到击鼓之声就是角声的反应;见到火光就是徵声的反应;听到金铁矛戟兵器声就是商声的反应;听到敌人呼叫就是羽声的反应;寂寞宁静无声无息的就是宫声的反应。这五种音律与外界都是各有对称、相互吻合的。"

兵征第二十九

【原文】

武王问太公曰:"吾欲未战先知敌人之强弱,预见胜负之征,为之奈何?"

太公曰:"胜负之征,精神先见,明将察之,其败在人。谨候敌人出入进退,察其动静,言语妖祥,士卒所告。凡三军说怪,士卒畏法,敬其将命,相喜以破敌,相陈以勇猛,相贤以威武,此强征也。三军数惊,士卒不齐,相恐以敌强,相语以不利,耳目相属,妖言不止,众口相惑,不畏法令,不重其将,此弱征也。

【译文】

武王问太公说:"我想要在战前就先知道敌人的强弱,预见胜败的征兆,应该怎么办?"

太公回答说:"胜败的征兆,首先在敌军将士的精神面貌上表现出来。精明的将帅是能够事先察觉的,但能否利用这种征兆打败敌人,则在于人的主观努力。必须周密地侦察敌人出入进退的情况，观察它的动静，留意于言语中的吉凶预兆以及士卒间相互谈论的事情。凡是全军欣喜愉悦，士卒畏惧法令，尊重将帅的命令，相互间以破敌为喜事，相互间以勇猛杀敌为谈资，相互间以威武为荣誉的，这就是军队战斗力强大的征兆。反之，如果全军上下不断地受到惊动，士卒散漫混乱，行阵不整，相互以敌人的强悍来恐吓畏惧，传播作战不利的消息，互相之间探听各种消息，谣言四起不能消除，互相煽惑欺蒙，不畏惧法令，不尊重将帅，这就是军队虚弱无力的征兆。

【原文】

"三军齐整，陈势已固，深沟高垒，又有大风甚雨之利，三军无故，旌旗前指，金铎之声扬以清，鼙鼓之声宛以鸣，此得神明之助，大胜之征也。行陈不固，旌旗乱而相绕，逆大风甚雨之利，士卒恐惧，气绝而不属，戎马惊奔，兵车折轴，金铎之声下以浊，鼙鼓之声湿如沐，此大败之征也。

【译文】

"全军上下步调一致，阵势坚固，垒高沟深，又可凭借大风大雨的有利天气条件，全军不待命令而旌旗前指，金铎之声高扬而清晰，鼙鼓之声婉转而响亮，这表明军队得到了神明的佑助，乃是取得大胜的征兆。反之，行阵不坚固，旌旗纷乱而所指方向不明，又有逆着大风大雨的不利天气条件，士卒恐惧震骇，士气衰竭而涣散，军马惊骇乱奔，兵车断轴毁损，金铎之声低沉而混浊，鼙鼓之声沉闷而压抑，这是军队大败的征兆。

【原文】

"凡攻城围邑：城之气色如死灰，城可屠；城之气出而北，城可克；城之气出而西，城必降；城之气出而南，城不可拔；城之气出而东，城不可攻；城之气出而复入，城主逃北；城之气出而覆我军之上，军必病；城之气出高而无所止，用兵长久。凡攻城围邑，过旬不雷不雨，必亟去之，城必有大辅。此所以知可攻而攻，不可攻而止。"

武王曰："善哉！"

【译文】

"凡是攻城围邑之时，如果城上之'气'呈现的是死灰之色，那么这座城池可被毁灭；如果城上之'气'出而向北流动，那么这座城池可被攻克；如果城上之'气'出而向西流动，那么这座城池必然投降；如果城上之'气'出而向南流动，那么这座城池就坚不可摧；如果城上之

'气'出而向东流动，那么这座城池便不可攻打；如果城上之'气'出
而又入，那么守城的主将必定逃亡败北；如果城上之'气'出而覆盖
在我军的上空，那么我军必定遭到不利；如果城上之'气'高高上升
而无所停止，那么用兵攻打一定历时长久。凡是攻城围邑，如果过
了十天仍然不打雷下雨，就必须迅速撤退解围，因为城中一定是有
贤能之士辅佐。这样，就可以知道为什么可攻则攻，不可攻就停止
的道理了。"

武王说："讲得好啊！"

农器第三十

【原文】

武王问太公曰："天下安定，国家无事，战
攻之具，可无修乎？守御之备，可无设乎？"

【译文】

武王问太公说："天下安定，国家没有战争，那么野战、攻城的器
械，就可以不加整备了吗？防守御敌的设施，就可以不予建设布置
了吗？"

【原文】

太公曰："战攻守御之具，尽在于人事。耒
耜者，其行马蒺藜也。马、牛、车、舆者，其营垒
蔽橹也。锄耰(yōu)之具，其矛戟也。蓑薜簦

笪者，其甲胄干楯 (dùn) 也。镢 (jué)、锸、斧、锯、杵臼，其攻城器也。牛马，所以转输粮用也。鸡犬，其伺候也。妇人织纴 (rèn)，其旌旗也。丈夫平壤，其攻城也。春钹 (bó) 草棘，其战车骑也。夏耨田畴，其战步兵也。秋刈禾薪，其粮食储备也。冬实仓廪，其坚守也。田里相伍，其约束符信也。里有吏，官有长，其将帅也。里有周垣，不得相过，其队分也。输粟收刍，其廪库也。春秋治城郭，修沟渠，其堑垒也。故用兵之具，尽在于人事也。善为国者，取于人事。故必使遂其六畜，辟其田野，安其处所，丈夫治田有亩数，妇人织纴有尺度，是富国强兵之道也。"

武王曰："善哉！"

【译文】

太公回答说："作战用的攻战守御等武装器械，实际上全是平时人民的日常生产生活用具。耕作用的耒耜，即可用作拒马、蒺藜等作战障碍器材。马车和牛车，可用为作战的营垒和蔽橹等屏障器材。锄耰等农具，可用为作战的矛戟。蓑衣、雨伞和笠帽，可用为作战的盔甲和盾牌。镢、锸、斧、锯、杵臼等器具，可用为攻城器具。牛、马可以用来转运军粮。鸡、狗可以用来报时和警戒。妇女纺织的布、帛，可用于缝制旗帜。男子平整土地的技术，可用于攻城作业。春季农民割草除棘的方法，可用为同敌人的战车和骑兵作战的技术。夏季耘田除草的方法，可用为同敌人步兵作战的手段。秋季收割庄稼柴草，可用作备战的粮秣。冬季粮食装满仓库，就是为战时的持久守备做准备。田里劳作的农民,平时相编为'伍',就是战时军队编组和管理的依据。里设长吏,官府有长,战时即可充任军队的军官。里与里之间修筑围墙,互不逾越,战时即是军队的驻地区划。运输粮食,收割饲草,战时就是军队的后勤储备。春秋两季修筑城郭,疏浚沟渠,就等同为战时修治壁垒壕沟。所以说,作战所用的器具,完全分散在人们平时的日常农事生活中。善于治理国家的人,无不重视农业大事。所以他一定努力使人民大力养殖六畜,开垦田地,安定住所,使得男子种田达到一定的亩数,妇女纺织达到一定的尺度。这就是平时富国、战时强兵的方法。"

武王说:"说得好啊!"

卷四　虎韬

军用第三十一

【原文】

武王问太公曰："王者举兵,三军器用,攻守之具,科品众寡,岂有法乎?"

太公曰："大哉,王之问也!夫攻守之具,各有科品,此兵之大威也。"

【译文】

武王问太公说："君王兴师作战,三军所用的武器装备和攻守器械,其种类的区分和数量的多少,难道有一定的标准吗?"

太公答道："你所问的确实是一个大问题!攻守器械,种类很多,各有不同,这是有关军队威力大小的问题。"

【原文】

武王曰："愿闻之。"

太公曰："凡用兵之大数,将甲士万人,法用:武冲大扶胥三十六乘。材士强弩矛戟为翼,一车二十四人推之,以八尺车轮,车上立旗鼓。

兵法谓之震骇,陷坚陈,败强敌。

"武翼大橹矛戟扶胥七十二具。材士强弩矛戟为翼,以五尺车轮,绞车连弩自副,陷坚陈,败强敌。

"提翼小橹扶胥一百四十四具。绞车连弩自副,以鹿车轮,陷坚陈,败强敌。

【译文】

武王说:"我愿意听听详细的内容。"

太公说:"大凡用兵打仗,所使用的武器装备有个大概的标准。假如统率甲士万人,武器装备的配置标准是:

"'武冲大扶胥'战车三十六辆。以有技能而勇敢的武士使用强弩、矛、戟在两旁护卫,每车用二十四人推行,其车轮的高度为八尺,并在车上设立旗鼓。兵法上把这种车辆称作'震骇',它可用来攻破坚阵,击败强敌。

"'武翼大橹矛戟扶胥'战车七十二辆。以有技能而勇敢的武士使用强弩、矛、戟为两翼护卫,这种车装置有五尺高的车轮,并附设有用绞车发射的连弩,它可用来攻破坚阵,击败强敌。

"'提翼小橹扶胥'战车一百四十四辆,并附设有用绞车发射的连弩。这种车装置有独轮,可用来攻破坚阵,击败强敌。

【原文】

"大黄参连弩大扶胥三十六乘。材士强弩矛戟为翼,飞凫、电影自副。飞凫,赤茎白羽,以铜为首;电影,青茎赤羽,以铁为首。昼则以绛缟，长六尺，广六寸，为光耀；夜则以白缟，长六尺，广六寸，为流星。陷坚陈，败步骑。

"大扶胥冲车三十六乘。螳螂武士共载，可以击纵横，可以败敌。

"辎车骑寇，一名电车，兵法谓之电击。陷坚陈，败步骑。

"寇夜来前，矛戟扶胥轻车一百六十乘。螳螂武士三人共载，兵法谓之霆击。陷坚陈，败步骑。

【译文】

"'大黄参连弩大扶胥'战车三十六辆。以有技能而勇敢的武士使用强弩、矛、戟在两旁护卫，并附设'飞凫'和'电影'两种旗帜，'飞凫'由红色的竿、白色的羽制成，用铜做旗杆头；'电影'以青色的竿、红色的羽制成，用铁做旗杆头。在白天用大红色的绢做旗，旗长六尺，宽六寸，名叫'光耀'；夜晚则用白色的绢做旗，旗长六尺，宽六寸，名叫'流星'。这种战车可以用来攻破坚阵，击败强敌。

"'大扶胥冲车'共三十六辆。车上载乘'螳螂武士'，可以用它来纵横冲击，击败强敌。

"'辎车骑寇'，也叫作'电车'，兵法上称之为'电击'。它也可用来攻破坚阵，击败敌人的步骑。

"敌人乘黑夜前来袭击，这时宜用'矛戟扶胥轻车'一百六十辆，每车载乘'螳螂武士'三人。兵法上称这种车辆为'霆击'，它可用以攻破坚阵，击败敌人的步骑。

【原文】

　　"方首铁棓(bàng)维肦(bān)，重十二斤，柄长五尺以上，千二百枚，一名天棓。大柯斧，刃长八寸，重八斤，柄长五尺以上，千二百枚，一名天钺。方首铁锤，重八斤，柄长五尺以上，千二百枚，一名天锤。败步骑群寇。

　　"飞钩长八寸，钩芒长四寸，柄长六尺以上，千二百枚，以投其众。

【译文】

　　"'方首铁棓维肦'，其重量为十二斤，柄长五尺以上，共设置一千二百把，这种武器也叫作'天棓'。'大柯斧'，刃长八寸，重量为八斤，柄长五尺以上，共设置一千二百把，这种武器也叫作'天钺'。'方首铁锤'，重为八斤，柄长五尺以上，共一千二百把，这种武器也称为'天锤'。它们都可以用来击败敌人的步骑。

　　"'飞钩'，长度为八寸，钩芒长为四寸，柄长六尺以上，共一千二百枚，可以用它投掷杀伤敌人。

【原文】

　　"三军拒守，木螳螂剑刃扶胥，广二丈，百二十具，一名行马。平易地，以步兵败车骑。

　　"木蒺藜，去地二尺五寸，百二十具。败步骑，要穷寇，遮走北。

　　"轴旋短冲矛戟扶胥，百二十具。黄帝所

以败蚩尤氏。败步骑,要穷寇,遮走北。

"狭路微径,张铁蒺藜,芒高四寸,广八寸,长六尺以上,千二百具。败步骑。

"突暝来前促战,白刃接,张地罗,铺两镞蒺藜,参连织女,芒间相去二寸,万二千具。旷野草中,方胸铤(chán)矛,千二百具。张铤矛法:高一尺五寸。败步骑,要穷寇,遮走北。

"狭路、微径、地陷,铁械锁参连,百二十具。败步骑,要穷寇,遮走北。

【译文】

"当军队进行防守时,应使用'木螳螂剑刃扶胥',每具宽度为二丈,一共设置一百二十具,又叫作'行马'。在平坦开阔的地形上,步兵可以用它来阻止敌人车兵和骑兵的行动。

"'木蒺藜',设置时要高于地面二尺五寸,共一百二十具。它可以用来阻止敌人步骑的行动,拦截陷于穷途末路的敌人,阻遏撤退逃跑的残寇。

"'轴旋短冲矛戟扶胥'战车共一百二十辆。黄帝曾经使用它打败蚩尤。它可用以击败敌人的步骑,拦截势穷力竭的敌人和阻拦撤退逃跑的残寇。

"在隘路、小道上,可以布设'铁蒺藜'。铁蒺藜的刺长为四寸,宽度为八寸,长度在六尺以上,共设置一千二百具。它可用来拦阻敌人步兵和骑兵的行动。

"敌人突然乘着夜色昏暗前来逼战,白刃相接,这时应张设地罗,布撒两镞铁蒺藜和'参连织女'等障碍物,它们的芒尖相间隔为二寸,共布设一万二千具。在旷野深草地带作战，要配置'方胸铤矛'，共一千二百把。布设'方胸铤矛'的方法是使它高出地面一尺五寸。以上这些兵器，都可用以击败敌人的步骑，阻拦陷于穷途末路的残寇，阻截撤退逃跑的敌人。

"在隘路、小道和低洼的地形上作战，可以张设'铁械锁参连'，共一百二十具。它可以用来击败敌人的步骑，阻拦陷于穷途末路的残寇，阻截撤退逃跑的敌人。

【原文】

"垒门拒守，矛戟小橹十二具，绞车连弩自副。

"三军拒守，天罗虎落锁连，一部广一丈五尺，高八尺，百二十具。虎落剑刃扶胥，广一丈五尺，高八尺，五百二十具。

【译文】

"如守卫军营营门，则动用矛戟小橹十二具，并附带设置用绞车发射的连弩。

"军队进行守御时，应设置'天罗虎落锁连'，每部宽一丈五尺，高为八尺，共计一百二十具。同时还要设置'虎落剑刃扶胥'，每具宽一丈五尺，高八尺，共五百二十具。

【原文】

"渡沟堑，飞桥，一间广一丈五尺，长二丈以上。着转关辘轳八具，以环利通索张之。

"渡大水，飞江，广一丈五尺，长二丈以上，八具，以环利通索张之。天浮铁螳螂矩内圆外，径四尺以上，环络自副，三十二具。以天浮张飞江，济大海，谓之天潢，一名天舡。

【译文】

"渡越沟堑，则要装备'飞桥'。每座'飞桥'宽度为一丈五尺，长两丈以上。'飞桥'上装有转关辘轳，一共八具，使用铁环和长绳架设。

"横渡江河，要使用'飞江'。它的宽度为一丈五尺，长在二丈以上，共八具，用铁环长绳把它们联结起来。'天浮'和'铁螳螂'内方外圆，直径四尺以上，并附有联结用的'环络'，总共三十二具。用'天浮'架设'飞江'，可以横渡大海，这种渡水工具叫作'天潢'，又叫作'天舡'。

【原文】

"山林野居，结虎落柴营。环利铁锁，长二丈以上，千二百枚；环利大通索，大四寸，长四丈以上，六百枚；环利中通索，大二寸，长四丈以上，三百枚；环利小徽缧，长二丈以上，万二千枚。

"天雨，盖重车上板，结枲(xǐ)钼(jǔ)铻(yǔ)，广四尺，长四丈以上。车一具，以铁杙(yì)张之。

【译文】

"军队在山林旷野地区驻扎，应构筑'虎落柴营'。构筑此种营全需要使用铁锁链，每条长二丈以上，共需一千二百条。带铁环的粗大绳索，铁环大四寸，绳长四丈以上，共六百条。带铁环的中号绳索，铁环大二寸，绳长四丈以上，共三百条。小号绳索，每条长二丈以上，共一万二千条。

"天下雨的时候，辎重车要盖上车顶板，板上锲刻齿槽，使它能与车子互相契合，每副木板宽为四尺，长度在四丈以上。每辆车配置一副，并用'铁杙'加以固定。

【原文】

"伐木大斧，重八斤，柄长三尺以上，三百枚；棨(qǐ)钁刃广六寸，柄长五尺以上，三百枚；铜筑固为垂，长五尺以上，三百枚；鹰爪方胸铁杷，柄长七尺以上，三百枚；方胸铁叉，柄长七尺以上，三百枚；方胸两枝铁叉，柄长七尺以上，三百枚。

"芟草木大镰，柄长七尺以上，三百枚；大橹刀，重八斤，柄长六尺，三百枚；委环铁杙，长三尺以上，三百枚；椓(zhuó)杙大锤，重五斤，柄长二尺以上，百二十具。

【译文】

"砍伐树木用的大斧子，重量为八斤，柄长三尺以上，共三百把。'棨钁'，刃宽为六寸，柄长五尺以上，共三百把。名为铜筑固的大锤，长五尺以上，共三百把。'鹰爪方胸铁杷'，柄长七尺以上，共三百把。'方胸铁叉'，柄长七尺以上，共三百把。'方胸两枝铁叉'，柄长七尺以上，共三百把。

"剪除草木用的大镰，柄长七尺以上，共三百把。'大橹刀'，重为八斤,柄长六尺,共三百把。带环的铁杙,长三尺以上,共三百把。钉铁杙子用的大铁锤,重五斤,柄长二尺以上,共一百二十把。

【原文】

　　　　"甲士万人,强弩六千,戟楯二千,矛楯二千,修治攻具,砥砺兵器,巧手三百人。此举兵军用之大数也。"

　　　　武王曰:"允哉!"

【译文】

　　"军队万人,需要装备强弩六千张,戟和大盾两千套,矛和大盾两千套。还需要配备修理攻城器械和磨炼兵器的能工巧匠共三百人。以上就是兴师作战所需要的武器装备的大略数目。"

　　武王说:"的确是这样!"

三阵第三十二

【原文】

　　　　武王问太公曰:"凡用兵为天陈、地陈、人陈,奈何?"

　　　　太公曰:"日月、星辰、斗杓,一左一右,一向一背,此谓天陈;丘陵、水泉,亦有前后左右之利,此谓地陈;用车用马,用文用武,此谓人陈。"

　　　　武王曰:"善哉!"

【译文】

武王问太公说："大凡用兵打仗时所布设的所谓天阵、地阵、人阵，是怎么一回事？"

太公回答说："根据日月、星辰、北斗星在我前后左右的具体运行位置来布阵，这就是所谓的'天阵'。利用丘陵水泽等地形条件来布阵，这就是所谓的'地阵'。根据所使用的战车、骑兵等兵种和政治诱降或武力攻取等不同战法来布阵，这就是所谓的'人阵'。"

武王说："讲得好！"

疾战第三十三

【原文】

武王问太公曰："敌人围我，断我前后，绝我粮道，为之奈何？"

太公曰："此天下之困兵也，暴用之则胜，徐用之则败。如此者，为四武冲陈，以武车骁骑，惊乱其军，而疾击之，可以横行。"

【译文】

武王问太公说："如果敌人四面包围住我军，切断我军前后之间的联络，断绝我军的粮道，应当怎么处置？"

太公回答道："这是天下处境最为困难的军队。在这种情况下，迅速突围就能取得胜利，行动迟缓就会招致失败。突围的方法是，把军队布置成'四武冲阵',动用强大的战车和骁勇的骑兵突击,使敌军陷入混乱,然后迅猛实施攻击,这样就可以横行无阻地突围了。"

【原文】

　　武王曰:"若已出围地,欲因以为胜,为之奈何?"

　　太公曰:"左军疾左,右军疾右,无与敌人争道;中军迭前迭后。敌人虽众,其将可走。"

【译文】

　武王又问:"如果我军已成功突出重围,还想要乘势击败敌军,那又该怎么办呢?"

　太公答道:"应当以我左军迅速向左发起攻击,以我右军迅速向右发起攻击,不要和敌人争夺道路。同时命令我中军向敌轮番突击,或击其前,或抄其后。这样敌军虽多,但也将被我军打败。"

必出第三十四

【原文】

武王问太公曰:"引兵深入诸侯之地,敌人四合而围我,断我归道,绝我粮食。敌人既众,粮食甚多,险阻又固,我欲必出,为之奈何?"

【译文】

武王问太公说:"统率军队深入敌国境内,敌人从四面合围我军,截断我军的退路,断绝我军的粮道。而敌军数量既众多,粮食又充足,同时还占领了险阻地形,守御坚固,我军若要突出敌人的包围,那应该怎么办?"

【原文】

太公曰:"必出之道,器械为宝,勇斗为首。审知敌人空虚之地,无人之处,可以必出。将士人持玄旗,操器械,设衔枚,夜出。勇力、飞足、冒将之士居前,平垒为军开道。材士、强弩为伏兵居后,弱卒车骑居中。陈毕徐行,慎无惊骇。以武冲扶胥前后拒守,武翼大橹以备左右。敌人若惊,勇力、冒将之士疾击而前,弱卒车骑以属其后,材士强弩隐伏而处。审候敌人追我,伏兵疾击其后,多其火鼓,若从地出,若

　　从天下，三军勇斗，莫我能御。"

【译文】

　　太公答道："要突出敌人的包围圈，兵器装备至关重要，而奋勇战斗更占有首要的位置。应仔细查明敌人兵力薄弱的地方，找到无人防守的处所，乘虚而击，就可以突出敌人的包围。突围时，将士们都拿着黑色的旗帜，手持器械，口中衔枚，趁着黑夜出发。让勇敢有力、行动轻捷、敢于冒险犯难的将士充当先锋，攻占某些敌人营垒，为我大军打开通道，让有技能而又勇猛的武士使用强弩，作为伏兵，隐匿殿后进行掩护；而让老弱的士卒和车骑在中间行进。部署完毕后，要沉着行动，谨慎从事，而不要自相惊扰。并使用'武冲扶胥'战车在前后护卫，用'武翼大橹'战车守御掩护左右。如果敌人惊觉我军的突围行动，我军勇敢有力的先头部队就发起突击，迅速向前；老弱士卒和车骑在后面跟进；有技能而配备强弩的武士则隐蔽地埋伏起来。当敌人前来追击我军之时，我伏兵就迅猛地攻击它的侧后，并大量使用火光、鼓声扰乱敌之耳目，使其感到我军好像从地而出，从天而降，全军奋勇战斗，敌人就无法抵御了。"

【原文】

武王曰："前有大水、广堑、深坑,我欲逾渡,
无舟楫之备。敌人屯垒,限我军前,塞我归道,
斥候常戒,险塞尽中,车骑要我前,勇士击我后,
为之奈何?"

【译文】

武王又问："如果前面遇到大河、宽堑、深坑,我军想要跨渡过去,
可是却没有准备好船只。敌人屯集兵力、构筑营垒,阻止我军前进,阻
塞我军的退路,敌人的哨兵戒备不懈,险要的关塞又尽在敌人掌握之
中,敌人的战车、骑兵在前面阻截,勇士又攻击我军的侧后,这种情况
下应当怎么处置?"

【原文】

太公曰："大水、广堑、深坑,敌人所不守,
或能守之,其卒必寡。若此者,以飞江、转关与
天潢以济吾军。勇力材士从我所指,冲敌绝陈,
皆致其死。先燔吾辎重,烧吾粮食,明告吏士,
勇斗则生,不勇则死。已出者,令我踵军设云
火远候,必依草木、丘墓、险阻,敌人车骑必不

敢远追长驱。因以火为记,先出者令至火而止,
为四武冲陈。如此,则吾三军皆精锐勇斗,莫
我能止。"

　　武王曰:"善哉!"

【译文】

　　太公说:"凡是大河、宽堑、深沟,敌人一般是不设防的,即使进行
防守,兵力也一定不多。这样,就可以用'飞江'、'转关'和'天潢'等浮
桥、船只将我军摆渡过去。派遣勇敢机智的武士按照我军主将所指定
的方向,冲锋陷阵、殊死战斗。摆渡时,应先焚毁我军的辎重,烧掉我
军的粮食,并明白告谕全军将士,奋勇战斗就能生存,畏缩怯战就会死
亡。摆脱了危险之后,就让我军后卫部队设置烟火信号,派出远方侦
察兵,同时,一定要占领丛林、坟墓和险阻等地形。这样,敌人的战车
骑兵就必定不敢长驱远追了。之所以用火作为信号,是为了指示先期
突围的部队到有火的地方集结,并部署好'四武冲阵'。这样,我军就
会锐不可当,勇猛战斗,敌人也就无法阻止我军前进了。"

　　武王说:"说得好极了!"

军略第三十五

【原文】

　　武王问太公曰:"引兵深入诸侯之地,遇深
溪、大谷、险阻之水,吾三军未得毕济,而天暴
雨,流水大至,后不得属于前,无有舟梁之备,

又无水草之资，吾欲毕济，使三军不稽留，为之奈何？"

【译文】

武王问太公说："领兵深入敌对诸侯国境内，遇到深溪、大谷和难以通过的河流，我军还没有全部渡河，这时忽然天降暴雨，洪水滔滔涌来，后面的军队被水所隔断，既没有准备船只、桥梁，又找不到堵水用的干草。在这种情况下，我想使所有人马都渡河，保证三军不致停留过久，应当如何处置？"

【原文】

太公曰："凡帅师将众，虑不先设，器械不备，教不素信，士卒不习，若此，不可以为王者之兵也。凡三军有大事，莫不习用器械。攻城围邑，则有轒(fén)辒(wēn)、临冲；视城中，则有云梯、飞楼；三军行止，则有武冲、大橹，前后拒守；绝道遮街，则有材士强弩，卫其两旁；设营垒，则有天罗、武落、行马、蒺藜。昼则登云梯远望，立五色旌旗；夜则设云火万炬，击雷鼓，振鼙铎，吹鸣箛；越沟堑，则有飞桥、转关、辘轳、钼锘；济大水，则有天潢、飞江；逆波上流，则有浮海、绝江。三军用备，主将何忧？"

【译文】

太公回答说："大凡统率军队行动，如果计划不事先拟定，器械不预先准备，平时训练没有落实，士卒动作不熟练，那就不能算作是成就王业的军队。凡军队有大的军事行动，没有不训练军队熟练使用各种器械的。像攻城围邑，就动用'轒辒'、'临车'和'冲车'。观察监视城中动静，就用'云梯'和'飞楼'。三军行止，就用'武冲'、'大橹'在前后进行掩护。断绝交通，遮隔街道，就用有技能而勇猛的士卒，使用强弩守御，控制两侧。设置营垒，就使用'天罗'、'武落'、'行马'、'蒺藜'，以进行拒守。白天就登上'云梯'向远方眺望，并树立五色旌旗，以迷惑敌人；在夜晚就设置众多的'云火'，并击'雷鼓'，敲'鼙鼓'，摇大'铎'，高吹鸣笳，用为指挥信号。跨越沟堑，就用'飞桥'、'转关'、'辘轳'、'钼铻'。济渡大河，就用'天潢'、'飞江'。逆流而上，就用'浮海'、'绝江'。三军所需的器材用具齐备了，做主将的还有什么可忧虑的呢？"

临境第三十六

【原文】

　　武王问太公曰："吾与敌人临境相拒，彼可以来，我可以往，陈皆坚固，莫敢先举。我欲往而袭之，彼亦可来，为之奈何？"

　　太公曰："分兵三处：令我前军，深沟增垒而无出，列旌旗，击鼙鼓，完为守备；令我后军，多积粮食，无使敌人知我意；发我锐士，潜袭其中，击其不意，攻其无备。敌人不知我情，则止不来矣。"

【译文】

武王问太公说:"我们和敌人在国境线上互相对峙,敌人可以前来攻我,我军也可以前去攻敌,双方的阵势都很坚固,谁也不敢率先采取行动。我想要前去袭击敌人,但又顾虑敌人前来袭击我军,这应当如何处置?"

太公说:"在这种情况下,应将我军分为前、中、后三部。令我前军进入阵地,深挖沟堑,高筑壁垒,不得出战,遍插旌旗,敲击鼙鼓,做好充分的守卫准备。令我后军多多积存粮食,并不要让敌人侦知我军的行动意向。然后,出动我中军精锐部队偷袭敌军的指挥中枢,做到出其不意,攻其无备。敌人无法了解我军情况,自然就停止行动,不敢前来进攻了。"

【原文】

武王曰:"敌人知我之情,通我之谋,动而得我事,其锐士伏于深草,要隘路,击我便处,为之奈何?"

太公曰:"令我前军,日出挑战,以劳其意;令我老弱,曳柴扬尘,鼓呼而往来;或出其左,或出其右,去敌无过百步,其将必劳,其卒必骇。如此,则敌人不敢来。吾往者不止,或袭其内,或击其外,三军疾战,敌人必败。"

【译文】

武王又问道:"如果敌人已经了解我军情况,洞察我军意图,我军一有行动,敌人就知道我们要做什么,因而派遣其精锐部队埋伏于林深草密地带,在我军必经的隘路上实施截击,在于其有利的地形上向我军攻击,这又该怎么处置呢?"

太公说:"命令我之前军,每天前去向敌人挑战,以疲惫懈怠敌人的斗志;令我方老弱士卒拖动树枝,扬起尘土,击鼓呐喊,来回奔跑,以壮声势。进行挑战时,我方部队或出现在敌人的左边,或出现在敌人的右边,距离敌人不要超过一百步。那么敌人的将领必定疲惫不堪,敌军的士卒必定恐骇失措。这样,敌人就不敢前来进攻我军了。我军如此不断地袭扰敌军,或袭击他的内部,或攻击他的外围,然后,全军迅捷勇猛地投入战斗,敌人必定会失败。"

动静第三十七

【原文】

武王问太公曰:"引兵深入诸侯之地,与敌之军相当,两陈相望,众寡强弱相等,未敢先举。吾欲令敌人将帅恐惧,士卒心伤,行陈不固,后陈欲走,前陈数顾;鼓噪而乘之,敌人遂走,为之奈何?"

【译文】

武王问太公说:"统率军队深入敌国境内,敌我之间势均力敌,双方阵垒相对,兵力众寡强弱相等,谁也不敢率先采取行动。我想使敌人将帅心怀恐惧,士卒士气低落,行阵不得坚固,后阵的士卒想逃跑,前阵的士卒畏缩观望。然后，再擂鼓呐喊，乘势进击，以迫使敌人溃退逃跑，这应该怎么办？"

【原文】

太公曰："如此者，发我兵去寇十里而伏其两旁，车骑百里而越其前后，多其旌旗，益其金鼓。战合，鼓噪而俱起，敌将必恐，其军惊骇，众寡不相救，贵贱不相待，敌人必败。"

【译文】

太公说："像这样的情况，就须派遣兵力，在距离敌阵十里地方的道路两侧埋伏起来。另外派遣战车和骑兵远出百里，迂回到敌阵的前后，并使各部队多张旗帜，增设金鼓。在双方展开战斗后，擂鼓呐喊，各军同时向敌人发起进攻。这样，敌军将帅必然恐惧不安，敌军士卒也会惊慌骇怕，致使大小部队互不救援，官兵之间自顾不暇，如此，敌人也就必败无疑了。"

【原文】

　　武王曰："敌之地势，不可以伏其两旁，车骑又无以越其前后，敌知我虑，先施其备。我士卒心伤，将帅恐惧，战则不胜，为之奈何？"

【译文】

　　武王又问："假如敌人所处的地势不便于我军在其两旁设置埋伏，战车和骑兵又不能够迂回到敌阵的前后，而敌人则掌握了我军行动企图，预先进行了充分的准备。在这种情况下，我军士卒悲观沮丧，我军将帅心存恐惧，与敌交战就无法取胜，遇到这种情况应当怎样处置？"

【原文】

　　太公曰："微哉，王之问也！如此者，先战五日，发我远候，往视其动静，审候其来，设伏而待之。必于死地，与敌相遇，远我旌旗，疏我行陈，必奔其前，与敌相当。战合而走，击金无止，三里而还，伏兵乃起，或陷其两旁，或击其前后，三军疾战，敌人必走。"

　　武王曰："善哉！"

【译文】

　　太公说："您所问的真是非常的微妙！像这种情况，应当在交战前五天，先向远方派出侦探，前去窥探敌人的动静，审析敌军前来进攻的时间，预先设下伏兵等待敌人来犯。必须选择在敌军最不利的地形上同敌进行交战。这时，要疏散我军的旌旗，拉长我军行列的间距，并以与敌人相当的兵力向敌进击。刚一交战就收兵撤退，故意鸣金不止，这样后退三里再回头反击，这时候伏兵也要乘机而起，或攻击敌人的两侧，或抄袭敌军的前后，全军将士奋力作战，敌人就必定会仓皇逃走。"

武王说："真是太好了！"

金鼓第三十八

【原文】

武王问太公曰："引兵深入诸侯之地，与敌相当，而天大寒甚暑，日夜霖雨，旬日不止，沟垒悉坏，隘塞不守，斥候懈怠，士卒不戒。敌人夜来，三军无备，上下惑乱，为之奈何？"

【译文】

武王问太公说："率军深入到敌对的诸侯国境内，与敌人相持，恰巧遇上严寒天气或酷暑时节，又适逢日夜大雨倾盆，十来天内连绵不止，造成沟垒全部塌毁，山险要隘不能守御，侦察哨兵麻痹懈怠，士卒疏于戒备。这时，敌人乘夜前来袭击，三军上下没有防备，官兵之间迷惑混乱，对此应当怎样处置？"

【原文】

太公曰："凡三军以戒为固，以怠为败。令我垒上，谁何不绝，人执旌旗，外内相望，以号相命，勿令乏音，而皆外向。三千人为一屯，诫

而约之，各慎其处。敌人若来，视我军之警戒，
至而必还，力尽气怠，发我锐士，随而击之。"

【译文】

太公说："但凡军队有所戒备就能获得稳固，倘若懈怠就会遭到失败。要使我军营垒之上，口令呼应之声不绝，哨兵手持旗帜，进行营垒内外信号的联络，用号令前后呼应，不使声音间断，使士卒始终面向敌方，以随时准备投入战斗。每三千人编为一屯，谆谆告诫，严加约束，使他们各自慎重守备。敌人如果前来进犯，看到我军戒备森严，到了阵前也必会撤退。这时，我军就乘敌人力尽气竭之际，出动精锐部队紧随敌后实施攻击。"

【原文】

武王曰："敌人知我随之，而伏其锐士，佯北不止，过伏而还。或击我前，或击我后，或薄我垒。吾三军大恐，扰乱失次，离其处所，为之奈何？"

【译文】

　　武王问:"如果敌人探知我军要跟踪追击,于是预先埋伏下精锐部队,假装退却不止,当我军进入伏击圈时,敌人就掉转头来配合其伏兵向我方反击。有的袭击我前军,有的袭击我后队,有的进逼我营垒。致使我三军大为恐慌,自相惊扰,行列混乱,纷纷擅离自己的阵地,面对这种情况应当怎样处置?"

【原文】

　　太公曰:"分为三队,随而追之,勿越其伏,三队俱至,或击其前后,或陷其两旁,明号审令,疾击而前,敌人必败。"

【译文】

　　太公说:"应该把我军分为三队,分头向敌人跟踪追击,注意不要进入敌人的伏击阵地,在到达敌人埋伏圈前,三支部队要同时追击敌人。有的攻击敌人的前后,有的攻击敌人的两侧,并严明号令,使士卒迅猛出击,一往无前,敌人就一定会溃败。"

绝道第三十九

【原文】

　　武王问太公曰:"引兵深入诸侯之地,与敌相守,敌人绝我粮道,又越我前后。吾欲战则不可胜,欲守则不可久,为之奈何?"

【译文】

武王询问太公说："统率军队深入敌对诸侯国境内，与敌人相守对峙。敌人截断了我军的粮道，并且迂回到我军后方，进行前后夹击。我想和他作战但不能取胜，想要防守但不能持久，这应该怎么办？"

【原文】

太公曰："凡深入敌人之地，必察地之形势，务求便利。依山林、险阻、水泉、林木而为之固，谨守关梁；又知城邑、丘墓地形之利。如是，则我军坚固，敌人不能绝我粮道，又不能越我前后。"

【译文】

太公说："凡是深入到敌国境内作战，必须观察清楚地理形势，务必占领有利地形。依托山林、险阻、水泉、林木以求得阵势的巩固，谨慎守卫关隘桥梁。同时还应察知城邑、丘墓等地形之利。这样，我军防守就能稳固，敌人就不能截断我军的粮道，也不能迂回到我军的后方实施两面夹击。"

【原文】

　　武王曰:"吾三军过大林、广泽、平易之地,吾盟误失,卒与敌人相薄,以战则不胜,以守则不固,敌人翼我两旁,越我前后,三军大恐,为之奈何?"

【译文】

　　武王又问:"我军通过高大的山林、广阔的沼泽地和平坦的地段时,由于我方侦察的情况有误,以致仓促中与敌军遭遇,我军想要进攻恐怕不能取胜,想要防守又担心不能坚固,这时敌人包围住我军两侧,迂回到我军前后,致使我三军大为恐惧,这种情况应当怎样处置?"

【原文】

　　太公曰:"凡帅师之法,当先发远候,去敌二百里,审知敌人所在。地势不利,则以武冲为垒而前,又置两踵军于后,远者百里,近者五十里,即有警急,前后相救。吾三军常完坚,必无毁伤。"

　　武王曰:"善哉!"

【译文】

　　太公回答说:"大凡统军作战的方法,应当先向远方派出侦察人员,在距离敌人二百里之外,就需要详细掌握敌人所在的位置。如果地形对我军行动不利,那么就用武冲车结成营垒向前推进。同时设置两支'踵军'在后跟进，踵军和主力的间隔远的可达百里，近的则为五十里，一旦遇有紧急情况，即可前后互相救援。我三军如能经常保持这种完备而坚固的部署，就一定不会遭受伤亡和失败了。"

武王说："真是太好了！"

略地第四十

【原文】

武王问太公曰："战胜深入，略其地，有大城不可下，其别军守险，与我相拒。我欲攻城围邑，恐其别军卒至而击我，中外相合，击我表里，三军大乱，上下恐骇，为之奈何？"

【译文】

武王问太公说："我军乘胜进入敌国，占领其土地，但还有大城未能攻下，敌人另有部队在城外占领险要地形与我军相对峙。我军想要围攻城邑，但恐怕敌人城外部队猝然逼近向我军发起攻击，与城内敌人里应外合，对我军形成夹击之势，致使我军大乱，官兵惊恐震骇。遇到这种情况，应当怎样处置？"

【原文】

太公曰："凡攻城围邑，车骑必远，屯卫警戒，阻其外内。中人绝粮，外不得输，城人恐怖，其将必降。"

【译文】

太公回答说:"凡攻城围邑时,应将战车、骑兵配置在离城较远的地方,以担任守卫和警戒,并可隔绝敌人内外之间的联系。城内敌人旷日持久断绝军粮,而外面又不能输入粮食,这样,城内之人就会心生恐惧,守城的将领必然就会投降。"

【原文】

> 武王曰:"中人绝粮,外不得输,阴为约誓,相与密谋;夜出,穷寇死战,其车骑锐士,或冲我内,或击我外,士卒迷惑,三军败乱,为之奈何?"

【译文】

武王说:"城内敌人断粮,城外粮食又不能输入城中,这时敌人就会暗中联系,约定时间和信号,密谋向外突围。如果趁着黑夜出城,拼命死战,敌人的车骑精锐部队有的突击我内部,有的进攻我外围,致使我军士卒恐惧惶惑,三军混乱大败,遇到这种情况,应该如何处置?"

【原文】

> 太公曰:"如此者,当分军为三军,谨视地形而处,审知敌人别军所在,及其大城别堡,为之置遗缺之道,以利其心,谨备勿失。敌人恐惧,不入山林,即归大邑。走其别军,车骑远要其前,勿令遗脱。中人以为先出者得其径道,其练卒材士必出,其老弱独在。车骑深入长驱,

敌人之军,必莫敢至。慎勿与战,绝其粮道,围而守之,必久其日。无燔人积聚,无坏人宫室,冢树社丛勿伐,降者勿杀,得而勿戮,示之以仁义,施之以厚德,令其士民曰:'罪在一人。'如此,则天下和服。"

武王曰:"善哉!"

【译文】

太公说:"在这种情况下,应把我军分为三支部队,并根据地形条件审慎地屯集驻扎,同时仔细察明敌人城外部队所在的位置以及附近大城别堡的状况,然后为被围之敌虚留一条道路,以引诱敌军外逃,但要注意严密戒备,不要使敌人跑掉。突围外逃的敌人肯定惊恐慌乱,他们不是逃入山林,就是撤向其他城邑。这时我军首先要赶走敌人城外驻扎的部队,接着要动用战车、骑兵在距城较远的地方,阻击敌人突围的先头部队,不要让他们逃脱。在这种情况下,守城敌军就会误以为其先头部队已突围成功,打通了撤退的通道,于是敌人的精锐士卒就必定会继续突围出城,而城内只剩下一些老弱残兵。我军的战车和骑兵深入长驱,直插敌人侧后,如此,敌人的守城军队,就必定不敢继续突围。这时我军要谨慎从事,不要急于同敌人交战,只要断绝其粮道,长期围困,时间一长,敌人必然投降。攻克城邑之后,不可焚烧敌人的粮食,不得毁坏敌国民众的房屋,坟地的树木和社庙的丛林不可砍伐,已经投降的敌军士卒不可杀戮,被俘人员不可虐待。对敌国民众要表示仁慈,施以恩德,并向敌国军民郑重宣告:'有罪的只是无道君主一个人。'这样,天下就会心悦诚服了。"

武王说:"说得好啊!"

火战第四十一

【原文】

　　武王问太公曰:"引兵深入诸侯之地,遇深草蓊秽,周吾军前后左右,三军行数百里,人马疲倦休止。敌人因天燥疾风之利,燔吾上风,车骑锐士,坚伏吾后,吾三军恐惧,散乱而走,为之奈何?"

【译文】

　　武王问太公说:"统率军队深入到敌对诸侯国境内,遇到茂密草丛林木,遍布于我军前后左右,我军已行军数百里,人困马乏,需要驻营休息。这时敌人利用天气干燥、风速很大的有利条件,在上风口放火,其车骑锐士又埋伏在我军的侧后,致使我三军恐惧,散乱逃跑。遇到这种情况,应当怎样处置?"

【原文】

　　太公曰:"若此者,则以云梯、飞楼,远望左右,谨察前后,见火起,即燔吾前而广延之,又燔吾后。敌人若至,则引军而却,按黑地而坚处。敌人之来,犹在吾后,见火起,必还走。吾按黑地而处,强弩材士卫吾左右,又燔吾前后,若此,则敌不能害我。"

【译文】

太公回答说:"在这种情况下,应该竖起云梯、飞楼,登高眺望和观察前后左右的情况。如发现大火烧起,就立即在我军阵前开阔地上放火,把火烧成一片,让大火把敌我两军隔离开来,同时也在我军侧后放火,以便烧出一块'黑地',若是敌人前来进攻,就指挥部队向后撤退,退到烧光草木的'黑地'上进行坚守。前来围攻的敌人行动迟缓,失却战机,又看到大火烧起,必定退走。在燃烧过的地方布设阵势,并以材士强弩掩护左右两翼,又用火继续烧掉我军阵地前后的树木草丛,这样,敌人就不能加害于我了。"

【原文】

武王曰:"敌人燔吾左右,又燔吾前后,烟覆吾军,其大兵按黑地而起,为之奈何?"

太公曰:"若此者,为四武冲陈,强弩翼吾左右。其法无胜亦无负。"

【译文】

武王又问："敌人既在我军左右放火，又在我军前后放火，以致浓浓黑烟覆盖了我军阵地，而敌人大军则突然向我军据守的'黑地'发起攻击，这样应当如何处置呢？"

太公说："如遇到这种情况，就应当将我军结成'四武冲阵'，并用强弩掩护我军左右两翼。这种办法虽然不能取胜，但也不会导致失败。"

垒虚第四十二

【原文】

武王问太公曰："何以知敌垒之虚实，自来自去？"

太公曰："将必上知天道，下知地理，中知人事。登高下望，以观敌之变动；望其垒，即知其虚实；望其士卒，则知其去来。"

【译文】

武王问太公说:"怎样才能知道敌人营垒的虚实和敌军来来去去调动的情况呢?"

太公说:"作为将帅,必须上知天时的顺逆,下知地形的险易,中知人事的得失。登上高处远望,来观察敌情的变化;眺望敌人的营垒,就可知道其虚实;观察敌人的士卒,就可知道他调动的情况。"

【原文】

武王曰:"何以知之?"

太公曰:"听其鼓无音,铎无声,望其垒上多飞鸟而不惊,上无氛气,必知敌诈而为偶人也。敌人卒去不远,未定而复返者,彼用其士卒太疾也。太疾,则前后不相次;不相次,则行陈必乱。如此者,急出兵击之,以少击众,则必胜矣。"

【译文】

武王又问:"怎样才能知道这些情况呢?"

太公答道:"如果听不到敌营的鼓声,也听不到敌营的铃声,又望到敌人营垒上空有许多飞鸟而没有惊恐的样子,空中也没有尘土飞扬,可知敌人一定是在用假人欺骗我们。如果敌人仓促撤退不远,还没有停下来而又返回,这是敌人调动军队太忙乱的表现。太忙乱,军队的前后就没有秩序;没有秩序,其行列和阵势就必然混乱。在这样的情况下,可急速出兵攻击它,即使以少击众,也必定会取得胜利。"

卷五　豹韬

林战第四十三

【原文】

武王问太公曰:"引兵深入诸侯之地,遇大林,与敌分林相拒。吾欲以守则固,以战则胜,为之奈何?"

太公曰:"使吾三军分为冲陈,便兵所处,弓弩为表,戟楯为里,斩除草木,极广吾道,以便战所;高置旌旗,谨敕三军,无使敌人知吾之情,是谓林战。林战之法:率吾矛戟,相与为伍;林间木疏,以骑为辅,战车居前,见便则战,不见便则止;林多险阻,必置冲陈,以备前后;三军疾战,敌人虽众,其将可走;更战更息,各按其部,是谓林战之纪。"

【译文】

武王问太公说:"率军深入敌对诸侯国境内,遇到森林地带,与敌人各占据一部分森林相对峙。我想做到进行防御就能稳固,实施进攻就能取胜,那应该怎么办才好?"

太公回答说:"将我军分别部署为'冲阵',配置在便于作战的地方,弓弩布设在外层,戟盾布设在里层,并斩除草木,广辟道路,以便我军战场行动。高高悬挂旗帜,严格地约束全军将士,不要让敌人察知我方军情,这就是森林地带的作战行动。森林地带作战的方法是:将我军使用矛、戟等兵器的士卒,混合编组为战斗小分队。如森林中树木稀疏,就动用骑兵辅助作战,并把战车配置在前面,发现有利战机就打,没有发现有利战机就停止行动。森林中多是险阻地形,必须部署'冲阵',以防备敌人攻击我军前后。务使我军迅猛英勇地进行战斗,这样,敌人虽然人数众多,也将被击败逃走。我军要轮番作战,轮番休息,各部都要按编组行动。这就是森林地带作战的一般原则。"

突战第四十四

【原文】

武王问太公曰:"敌人深入长驱,侵掠我地,驱我牛马;其三军大至,薄我城下,吾士卒大恐,人民系累,为敌所虏。吾欲以守则固,以战则胜,为之奈何?"

太公曰:"如此者,谓之突兵,其牛马必不得食,士卒绝粮,暴击而前。令我远邑别军,选其锐士,疾击其后;审其期日,必会于晦。三军疾战,敌人虽众,其将可虏。"

【译文】

武王问太公说:"敌人长驱直入,侵掠我土地,抢夺我牛马,敌人全军大举而至,进驻我方城下,我军士卒大为恐惧,民众被拘禁,沦为俘虏。在这种情况下,我想要进行防守便稳固,实施战斗则可取胜,应该怎么办?"

太公回答说:"像这一类的敌军,可叫作善于突袭作战的敌军,他的牛马必定会缺饲料,他的士卒也肯定会缺粮食,所以一味凶猛地向我进攻。在这样的情况下,应命令我远方驻地的其他部队,挑选精锐的士卒,迅速而猛烈地袭击敌人的后方,同时详细计算确定会攻的时间,务必使其在夜色昏暗时分与我主力会合。届时我全军上下迅速猛烈地同敌交战,那么即便敌人人数众多,其主将也可被我军俘虏。"

【原文】

武王曰:"敌人分为三四,或战而侵掠我地,或止而收我牛马,其大军未尽至,而使寇薄我城下,致吾三军恐惧,为之奈何?"

太公曰："谨候敌人未尽至,则设备而待之。去城四里而为垒,金鼓旌旗,皆列而张,别队为伏兵;令我垒上多积强弩,百步一突门,门有行马,车骑居外,勇力锐士隐伏而处。敌人若至,使我轻卒合战而佯走。令我城上立旌旗,击罍鼓,完为守备。敌人以我为守城,必薄我城下。发吾伏兵,以冲其内,或击其外。三军疾战,或击其前,或击其后。勇者不得斗,轻者不及走。名曰'突战'。敌人虽众,其将必走。"

武王曰："善哉!"

【译文】

武王又问道:"如果敌军分为三、四部分,以其中一部对我进攻以侵占我方土地,以另一部暂时驻扎以掠夺我方牛马。其主力部队还没有完全到达,而使部分兵力进逼我方城下,从而造成我军上下恐惧不安,这应该怎么办才好?"

太公回答说:"这时就应该仔细观察情况,乘敌人还没有完全到达之前就完成战备,严阵以待。其方法是:在离城四里的地方构筑营垒,将金鼓旗帜,都一一布设、广为张扬起来,并派遣一部分兵力作为伏兵。命令在营垒上的守卫部队多集中强弩,每百步设置一个预备临时出入的'突门',门前安设拒马等障碍物,战车、骑兵配置在营垒外侧,勇锐士卒隐蔽埋伏起来。敌人如果来到,先派轻装步兵与敌交战,并佯装战败退走。令我守军在城上竖立起旌旗,敲击罍鼓,充分做好防守准备。敌人认为我方在防守城邑,于是其军必定进逼到我城下。这时我方应突然出动伏兵,或突击敌军的中枢,或攻击敌人的外围。同时再令我全军迅猛出击，奋勇战斗，既攻击敌人的正面，又攻击敌人的后方。使得敌军中勇敢的将士也无法同我格斗，步履轻快的将士也来不及逃跑。这种战法称作'突战'。敌人虽然众多，但其主将必然败走。"

武王说："讲得真好！"

敌强第四十五

【原文】

武王问太公曰："引兵深入诸侯之地，与敌人冲军相当，敌众我寡，敌强我弱，敌人夜来，或攻吾左，或攻吾右，三军震动。吾欲以战则胜，以守则固，为之奈何？"

太公曰："如此者，谓之'震寇'。利以出战，不可以守。选吾材士强弩，车骑为之左右，疾击其前，急攻其后，或击其表，或击其里，其卒必乱，其将必骇。"

【译文】

武王问太公说："率军深入敌对诸侯国境内，与敌人的突击部队正面接触，在兵力上敌众我寡，敌强我弱，而敌人夜间前来攻打我军，或攻击我之左翼，或攻击我之右翼，致使我全军震骇惊恐。我想要实施进攻就能取胜，进行防守就能牢固，那应该怎样处置？"

太公答道："这样的敌人，叫作'震寇'。对付这种敌人，我军利于出战，而不宜防守。要挑选材士强弩，以战车、骑兵作为左右两翼，迅

猛攻击敌人的正面,急剧攻击敌人的侧后;既攻击敌人的外围,又攻击
敌人的中坚。这样,敌人士卒必然乱成一团,敌人将帅也必然惊骇惧
怕而被打败。"

【原文】

武王曰:"敌人远遮我前,急攻我后,断我
锐兵,绝我材士,吾内外不得相闻,三军扰乱,
皆散而走,士卒无斗志,将吏无守心,为之奈
何?"

太公曰:"明哉!王之问也。当明号审令,
出我勇锐冒将之士,人操炬火,二人同鼓,必知
敌人所在。或击其表,或击其里,微号相知,令
之灭火,鼓音皆止,中外相应,期约皆当,三军
疾战,敌必败亡。"

武王曰:"善哉!"

【译文】

武王又问:"如果敌人在远处阻截我的前方,急速地攻击我的后
方,截断我的精锐部队,阻绝我方材士前赴增援,致使我前后方失去联
系,三军上下惊扰混乱,纷纷脱离队伍逃走,士卒没有战斗意志,各级
军官失去固守决心,面临这种处境应该怎么办呢?"

太公说:"君王提这样的问题真是高明!在这样的情况下,应当首
先明审号令,并出动勇猛精锐的士卒,使每个人手持火炬,二人同击一
鼓,这样就必然能探知敌人的准确位置。这时便可发起攻击,或攻击
敌军的外围,或攻击敌人的中坚。要让部队佩戴暗号,便于互相识别,

并令部队扑灭火炬,停止击鼓。然后内外策应,按预先约定的计划展开行动。全军迅猛出击,敌人必然遭到失败。"

武王说:"说得真好!"

敌武第四十六

【原文】

武王问太公曰:"引兵深入诸侯之地,卒遇敌人,甚众且武,武车骁骑绕我左右,吾三军皆震,走不可止,为之奈何?"

太公曰:"如此者,谓之'败兵'。善者以胜,不善者以亡。"

【译文】

武王问太公说:"统率军队深入敌对诸侯国境内,突然遭遇敌人,敌人人数众多而且勇猛凶狠,并以厉害的战车和骁勇的骑兵对我军实施左右包围。我全军上下均震惊,纷纷逃跑而无法制止,这种情况应该怎么办?"

太公回答道:"处于这种境地的部队称为'败兵'。善于用兵的人,可以因此而取胜;不善于用兵的人,也可能因此而败亡。"

【原文】

武王曰:"用之奈何?"

太公曰:"伏我材士强弩,武车骁骑为之左

右，常去前后三里，敌人逐我，发我车骑，冲其
左右。如此，则敌人扰乱，吾走者自止。"

【译文】

武王说："处理这种情况应该怎么办？"

太公答道："应当埋伏我方的材士强弩，并把威力大的战车和骁勇
的骑兵配置在左右两翼，伏击地点通常设在距离我军主力前后约三里
远的地方。敌人如果前来追击，就出动我方的战车和骑兵，攻击敌人
的左右两侧。这样，敌人就会陷入混乱，我军逃跑的士卒见此情况也
就会自动停止逃跑。"

【原文】

武王曰："敌人与我车骑相当，敌众我少，
敌强我弱，其来整治精锐，吾陈不敢当，为之
奈何？"

太公曰："选我材士强弩，伏于左右，车骑
坚陈而处。敌人过我伏兵，积弩射其左右，车
骑锐兵，疾击其军，或击其前，或击其后，敌人
虽众，其将必走。"

武王曰："善哉！"

【译文】

武王说："敌我双方的战车和骑兵相遇，在兵力上敌众我寡，敌强
我弱。敌人前来进攻，阵势整齐，士卒精锐，我军难以抵挡，面临这种
情况，应该怎么处理？"

太公说："在这种情况下，应当挑选我军的材士强弩，使之埋伏于左右两侧，并把战车、骑兵布列坚固阵势进行防守。当敌人通过我伏兵所在之处时，就用密集的强弩射击敌人的左右两翼，并出动战车、骑兵和勇锐士卒猛烈地攻击敌军，一部分攻击敌人的正面，一部分攻击敌人的侧后，这样，敌人虽然人数众多，其主将也一定会败走。"

武王说："说得太好了！"

鸟云山兵第四十七

【原文】

武王问太公曰："引兵深入诸侯之地，遇高山磐石，其上亭亭，无有草木，四面受敌，吾三军恐惧，士卒迷惑。吾欲以守则固，以战则胜，为之奈何？"

【译文】

武王问太公说："统率军队深入敌对诸侯国境内，遇上高山巨石，山峰高耸，没有杂草林木，四面受敌攻击，我三军因而产生恐惧，士卒迷惑不知所措。我想要实施防守就能稳固，采取进攻就能获胜，应该怎么办才好？"

【原文】

太公曰："凡三军处山之高，则为敌所栖；处山之下，则为敌所囚。既以被山而处，必为

鸟云之陈。鸟云之陈，阴阳皆备，或屯其阴，或
屯其阳。处山之阳，备山之阴；处山之阴，备山
之阳；处山之左，备山之右；处山之右，备山之
左。其山敌所能陵者，兵备其表，衢道通谷，绝
以武车，高置旌旗，谨勒三军，无使敌人知吾之
情，是谓山城。行列已定，士卒已陈，法令已行，
奇正已设，各置冲陈于山之表，便兵所处，乃分
车骑为鸟云之陈。三军疾战，敌人虽众，其将
可擒。"

【译文】

太公回答道："凡是我三军处于山顶的位置，就容易为敌人所孤悬
隔绝；凡是我三军处在山麓的位置，就容易为敌人所围困囚禁。我军
既然处于山地作战的环境之中，那就必须布成'鸟云之阵'。所谓'鸟
云之阵'，就是在部署军队时，要对山南山北各个方面均进行戒备。既
要防守山的北面，又要防守山的南面。军队部署在山的南面，同时要
注意戒备山的北面；军队部署在山的北面，同时要注意戒备山的南面；
军队部署在山的左面，同时要注意戒备山的右面；军队部署在山的右
面，同时要注意戒备山的左面。凡是该山敌人所能攀登的地方，都应
当派兵进行防守。交通要道和能通行的谷地，要用战车加以阻截，并
高挂旗帜以便联络。同时要严谨整饬全军上下，不要让敌人察知我军
的情况。能做到这些，就称得上是建成了一座'山城'。部队的行列已
经排定，作战的士卒已经列阵，军中的法令已经颁行，奇正方略也已经
确定，这时就把各部队编成'冲阵'部署在山上比较突出的高地上，部
署时要考虑到应该便于军队作战的需要。然后再把战车、骑兵分布成

'鸟云之阵'。这样,三军猛烈地同敌人作战,敌人即使人数众多,其主将也将为我所擒获。"

鸟云泽兵第四十八

【原文】

武王问太公曰:"引兵深入诸侯之地,与敌人临水相拒,敌富而众,我贫而寡,逾水击之则不能前,欲久其日则粮食少。吾居斥卤之地,四旁无邑,又无草木,三军无所掠取,牛马无所刍牧,为之奈何?"

太公曰:"三军无备,牛马无食,士卒无粮,如此者,索便诈敌而亟去之,设伏兵于后。"

【译文】

武王问太公说:"统率军队深入敌对诸侯国境内,与敌人隔河相对峙,敌人钱粮充足,兵力众多;我军钱粮贫乏,兵力寡少。我想要渡河进攻敌人,但无力向前;我想要拖延时日,但粮食缺乏。而且我军又处于荒芜贫瘠的盐碱地带,附近一带既没有城邑,也没有草木,军队没有地方可以掠取物资,牛马没有地方可以放牧,在这种情况下,应当怎么办?"

太公回答道:"军队没有装备,牛马没有饲料,士卒没有粮食,在这种情况下,应当寻找机会,欺诈敌人,迅速向别处转移,并在后面设置伏兵以防敌人追击。"

【原文】

武王曰："敌不可得而诈，吾士卒迷惑，敌人越我前后，吾三军败乱而走，为之奈何？"

太公曰："求途之道，金玉为主，必因敌使，精微为宝。"

【译文】

武王说："如果敌人不轻信我军的欺诈，我军士卒迷惑惊恐，敌人开进到我军前后，我全军败逃溃退，这种情况应当怎么处置？"

太公说："这时候寻求退路的方法，主要是将金银财宝暴露于敌人面前，引诱其前来掠夺，同时要贿赂敌方的使者，这些都必须精密细致不让敌方觉察。"

【原文】

武王曰："敌人知我伏兵，大军不肯济，别将分队以逾于水，吾三军大恐，为之奈何？"

太公曰："如此者，分为冲陈，便兵所处，须其毕出，发我伏兵，疾击其后；强弩两旁，射其左右。车骑分为鸟云之陈，备其前后，三军疾战。敌人见我战合，其大军必济水而来，发我伏兵，疾击其后，车骑冲其左右，敌人虽众，其将可走。凡用兵之大要，当敌临战，必置冲陈，便兵所处，然后以车骑分为鸟云之陈，此用兵之奇也。所谓鸟云者，鸟散而云合，变化无穷者也。"

武王曰："善哉！"

【译文】

武王说："敌人已知道我方设有伏兵，大军不肯渡河，而另派一支小部队渡水攻我，我三军大为震恐，对此应当怎么办？"

太公答道："遇到这种情况，我军应该部署为'四武冲阵'，并部署在便于作战的地域，等待敌人全部渡河后，出动我方伏兵，猛烈地攻击敌军侧后，强弩从两旁射击敌人的左右两翼。同时把战车、骑兵布设为'鸟云之阵'，戒备前后，然后迅速发起攻击。敌人若发现我军与它的小部队交战，其大军必将渡河前来，这时就出动我方伏兵，猛烈地攻击敌人大军侧后，并用战车、骑兵冲击敌军左右两翼。这样，敌人即使众多，也是会被打败的。大凡用兵打仗的基本原则是，在正对敌人面临战斗时，必须设置'冲阵'，把兵力部署在便于作战的地方，然后再将战车和骑兵分为'鸟云之阵'，这就是用兵上出奇制胜的方法。所谓的'鸟云'，就是像鸟散云合一样，灵活机动，变化无穷。"

武王赞叹道："说得太好了！"

少众第四十九

【原文】

　　武王问太公曰："吾欲以少击众，以弱击强，为之奈何？"

　　太公曰："以少击众者，必以日之暮，伏于深草，要之隘路；以弱击强者，必得大国之与，邻国之助。"

【译文】

　武王问太公说："我想要以少击众，以弱击强，那应该怎么办呢？"

　太公答道："要以少击众，必须利用日暮昏暗之际，把军队埋伏在杂草丛生的地带，截击敌人于隘路。而要以弱击强，就必须得到大国的支持、邻国的援助。"

【原文】

　　武王曰："我无深草，又无隘路，敌人已至，不适日暮；我无大国之与，又无邻国之助，为之奈何？"

　　太公曰："妄张诈诱，以荧惑其将，迂其道，令过深草，远其路，令会日暮，前行未渡水，后行未及舍。发我伏兵，疾击其左右，车骑扰乱其前后，敌人虽众，其将可走。事大国之君，下

邻国之士，厚其币，卑其辞。如此，则得大国之
与、邻国之助矣。"

武王曰："善哉！"

【译文】

武王又问："我军没有深草地带可供设伏，又没有隘路险阻可供利用，敌人大军抵达时，又正巧不在日暮之际。我方既没有大国的支持，也没有邻国的援助，那应该怎么办？"

太公说："当用虚张声势、引诱诈骗等手段来迷惑敌方将领，引诱敌人迂回行进，使其通过杂草丛生地带；引诱敌人多绕远路，耽误时间，使其正好在日暮时分与我交战。要乘敌人先头部队尚未全部渡水，后续部队还来不及宿营的有利时机，出动我方伏击部队，猛烈地攻击敌人的左右两翼，用战车和骑兵扰乱敌人的前后。这样，敌人即使众多，也会被击败。恭敬侍奉大国的君主，礼遇恩交邻国的贤士，多送财物，言词谦逊。这样，就能得到大国的支持、邻国的援助了。"

武王说："说得真好！"

分险第五十

【原文】

武王问太公曰："引兵深入诸侯之地，与敌相遇于险厄之中，吾左山而右水，敌右山而左水，与我分险相拒，各欲以守则固，以战则胜，为之奈何？"

【译文】

　　武王问太公说："统领军队深入诸侯国境内,同敌人相遇于险厄隘塞的地域,我军所处的地形是左依山丘右临水泽,而敌军所处的地形则是右傍山丘左靠水泽,敌我双方各据险要,相互对峙。在这种情况下,双方都想要进行防守就能牢固,展开进攻就能胜利,应该怎么办?"

【原文】

　　太公曰:"处山之左,急备山之右;处山之右,急备山之左。险有大水无舟楫者,以天潢济吾三军。已济者,亟广吾道,以便战所。以武冲为前后,列其强弩,令行陈皆固。衢道谷口,以武冲绝之,高置旌旗,是谓'车城'。凡险战之法,以武冲为前,大橹为卫,材士强弩翼吾左右。三千人为屯,必置冲陈,便兵所处。左军以左,右军以右,中军以中,并攻而前。已战者还归屯所,更战更息,必胜乃已。"

　　武王曰:"善哉!"

【译文】

　　太公答道:"当我军处在山的左侧时,应迅速戒备山的右侧;处在山的右侧时,则应迅速戒备山的左侧。险要地带的大河大江,如果没有船只,就用'天潢'把我军摆渡过去。已经渡过河去的先头部队,要迅速开辟道路,扩大战场,以便于主力跟进展开战斗。要用武冲战车策应我前后部队,布设强弩,以使我军行列和阵形完全坚固。凡交通要道和山谷的入口处,都要用武冲大战车加以阻绝,并且高高地插上

旌旗,这样,就构成了一座'车城'。大凡险要地带作战的方法是,把武
冲战车配置在前面,以大盾牌作为防护,并配备材士强弩以保障我左
右两翼的安全。每三千人为一个战斗单位,编成攻击型的冲阵,部署
在便于作战的地形上。战斗时,左军用于左翼,右军用于右翼,中军用
于中央,三军并肩作战,奋力向前。已战的部队回到集结地点休整,未
战的部队依次投入战斗。轮番作战,轮番休息,一直到取得最终胜利
为止。"

　　武王说:"讲得真好!"

卷六　犬韬

分合第五十一

【原文】

　　武王问太公曰："王者帅师,三军分为数处,将欲期会合战,约誓赏罚,为之奈何？"

【译文】

　　武王问太公说："君王率军出征,三军分散在几个地方,主将要按期集结军队与敌交战,并申诫全军上下,明定赏罚制度,应该怎么办？"

【原文】

　　太公曰："凡用兵之法,三军之众,必有分合之变。其大将先定战地、战日,然后移檄书与诸将吏,期攻城围邑,各会其所,明告战日。漏刻有时,大将设营布陈,立表辕门,清道而待。诸将吏至者,校其先后,先期至者赏,后期至者斩。如此,则远近奔集,三军俱至,并力合战。"

【译文】

太公说："通常用兵的原则，由于三军人数众多，必然会有兵力分散或集中等部署上的变化。主将首先要确定作战的地点和时间，然后下达战斗文书，晓谕部下各将佐。文书的内容包括：明确规定要围攻的城邑；各军应集中会合的地点；明告作战的日期，规定到达的时间。到约定会合的那天，主将提前设筑营垒，布成阵势，在辕门内竖起标杆以观测日影，计算时间。禁止行人通行，等待将吏前来报到。将吏们到达时，要核对其先后次序，先期到达的予以奖赏，过期到达的处斩。这样，不论远近都会按期赶来会合。待三军全部到达后，就可以集合兵力与敌交战了。"

武锋第五十二

【原文】

武王问太公曰："凡用兵之要，必有武车骁骑，驰陈选锋，见可则击之。如何则可击？"

太公曰："夫欲击者，当审察敌人十四变。变见则击之，敌人必败。"

【译文】

武王问太公说："大凡用兵的重要原则之一，就是必须拥有强大的战车，骁勇的骑兵，能够冲锋陷阵的突击部队，发现敌人有可乘之机就发起攻击。那么，究竟什么样的时机才可以发起攻击呢？"

太公说："要想攻击敌人，就应仔细察明不利于敌的十四种情况，这些情况一经出现,就可以发起攻击,而敌人也必定会被打败。"

【原文】

　　武王曰:"十四变可得闻乎?"

　　太公曰:"敌人新集可击,人马未食可击,天时不顺可击,地形未得可击,奔走可击,不戒可击,疲劳可击,将离士卒可击,涉长路可击,济水可击,不暇可击,阻难狭路可击,乱行可击,心怖可击。"

【译文】

　　武王说:"这十四种对敌不利的情况,可以讲给我听听吗?"

　　太公说:"敌人刚集结时可以打;人马没有进食时可以打;气候季节对敌不利可以打;地形条件对敌不利可以打;敌人奔走可以打;没有戒备时可以打;疲劳倦怠时可以打;将士分隔失去指挥时可以打;长途跋涉时可以打;敌军渡河时可以打;忙乱不堪时可以打;通过险阻隘路时可以打;行列散乱不整时可以打;军心恐惧不安时可以打。"

练士第五十三

【原文】

　　武王问太公曰:"练士之道奈何?"

　　太公曰:"军中有大勇、敢死、乐伤者,聚为一卒，名曰冒刃之士；有锐气、壮勇、强暴者，聚为一卒，名曰陷陈之士；有奇表、长剑、接武齐列者，聚为一卒，名曰勇锐之士；有拔距、伸钩，强梁多力，溃破金鼓，绝灭旌旗者，聚为一卒，名曰勇力之士；有逾高绝远，轻足善走者，聚为一卒，名曰寇兵之士；有王臣失势，欲复见功者，聚为一卒，名曰死斗之士；有死将之人子弟，欲与其将报仇者，聚为一卒，名曰敢死之士；有赘婿、人虏，欲掩迹扬名者，聚为一卒，名曰励钝之士；有贫穷、愤怒，欲快其心者，聚为一卒，名曰必死之士；有胥靡免罪之人，欲逃其耻者，聚为一卒，名曰幸用之士；有材技兼人，能负重致远者，聚为一卒，名曰待命之士。此军之练士，不可不察也。”

【译文】

武王问太公说：“选编士卒的方法是怎样的？”

太公说：“军队中那些勇气超人，不怕牺牲，不怕受伤的人，可以编为一队，称之为‘冒刃之士’；那些锐气旺盛、青壮勇敢、强横凶暴的人，可以编为一队，称之为‘陷阵之士’；那些体态奇异，善使长剑，步履稳健，动作整齐的人，可以编为一队，称之为‘勇锐之士’；那些臂力足以扳直铁钩，强壮有力足能冲入敌阵捣毁金鼓、折断旌旗的人，可以编为一队，称之为‘勇力之士’；那些能翻越高山，行走远路，脚轻善走的人，可以编为一队，称之为‘寇兵之士’；那些曾为王公大臣，而今已经失势没落，想要重建功勋的人，可以编为一队，称之为‘死斗之士’；那些身为阵亡将帅的子弟，急于要为自己父兄报仇的人，可以编为一队，称之为‘敢死之士’；那些曾被敌人招赘为婿或当过俘虏，如今想要扬名遮丑的人，可以编为一队，称之为‘励钝之士’；那些对自己的贫穷处境怀有不满情绪，急于建功立业的人，可以编为一队，称之为‘必死之士’；那些曾为免罪刑徒，想要洗去自己过去耻辱的人，可以编为一队，称之为‘幸用之士’；那些才技过人，能够任重致远的人，可以编为一队，称之为‘待命之士’。这就是选编士卒的方法，是不可不加以仔细考察的。”

教战第五十四

【原文】

　　武王问太公曰：“合三军之众，欲令士卒练士，教战之道奈何？”

【译文】

　武王问太公说：“集合组成全军部队，想要让士卒们娴熟掌握战斗技巧，训练方法应该怎样？”

【原文】

　　太公曰：“凡领三军，有金鼓之节，所以整齐士众者也。将必先明告吏士，申之以三令，以教操兵起居、旌旗指麾之变法。故教吏士，使一人学战，教成，合之十人；十人学战，教成，合之百人；百人学战，教成，合之千人；千人学战，教成，合之万人；万人学战，教成，合之三军之众；大战之法，教成，合之百万之众。故能成其大兵，立威于天下。"

武王曰："善哉！"

【译文】

太公答道："凡是统率三军者，必须用金鼓来指挥，这是为了使军队的行动整齐划一。将帅首先必须明确告诉官兵该怎样进行操练，并且要反复重申，然后再训练他们实际操作兵器，熟习战斗动作，掌握用旌旗指挥的变化方法。所以，在训练军队时，要先进行单兵教练，单兵教练完成了，再进行十人合练；十人学习战法，教练会了，再进行百人合练；百人学习战法，教练会了，再进行千人合练；千人学习战法，教练会了，再进行万人合练；万人学习战法，教练会了，再三军一齐合练；然后进行大军作战之法的训练，教练完了，再百万大军进行合练。这样就能够组织起强大的军队，立威名于天下。"

武王说："真是好极了！"

均兵第五十五

【原文】

武王问太公曰："以车与步卒战，一车当几步卒？几步卒当一车？以骑与步卒战，一骑当几步卒？几步卒当一骑？以车与骑战，一车当几骑？几骑当一车？"

太公曰："车者，军之羽翼也，所以陷坚陈，要强敌，遮走北也。骑者，军之伺候也，所以踵败军，绝粮道，击便寇也。故车骑不敌战，则一骑不能当步卒一人。三军之众，成陈而相当，则易战之法：一车当步卒八十人，八十人当一车；一骑当步卒八人，八人当一骑；一车当十骑，十骑当一车。险战之法：一车当步卒四十人，四十人当一车；一骑当步卒四人，四人当一骑；一车当六骑，六骑当一车。夫车骑者，军之武兵也，十乘败千人，百乘败万人；十骑败百人，百骑走千人。此其大数也。"

【译文】

武王问太公说："用战车同步兵作战，一辆战车能抵几名步卒？几名步卒能抵一辆战车？用骑兵同步兵作战，一名骑兵能抵几名步兵？几名步兵能抵一名骑兵？用战车同骑兵作战，一辆战车能抵几名骑兵？几名骑兵能抵一辆战车？"

太公回答说："战车，是军队的'翅膀'，具有强大的战斗力，可被用来攻陷敌人的坚阵，截击强敌，断敌退路。骑兵，是军队的'侦察人员'和先锋，具有很大的机动性，可被用来追击溃逃之敌、断敌粮道和袭击敌人流动部队。所以，战车、骑兵如果不能恰当运用，那么战斗中一名骑兵就抵不上一名步卒。如果三军之众布列成阵，车、骑、步配合得当，那么在平坦地形上作战的法则是：一辆战车可抵步兵八十人，八十名步兵可挡战车一辆；一名骑兵能抵步兵八名，八名步兵可挡骑兵一

名；一辆战车能抵骑兵十名，十名骑兵可挡一辆战车。在险阻地形上作战的法则是：一辆战车可抵步兵四十名，四十名步兵可挡战车一辆；一名骑兵能抵步兵四名，四名步兵能挡骑兵一名；一辆战车能抵骑兵六名，六名骑兵可挡战车一辆。战车和骑兵，是军队中最具威力的战斗力量，十辆战车能够击败千名敌人，一百辆战车可以击败万名敌人；十名骑兵能够击退敌百人，百名骑兵可以击退敌千人。以上这些都是大概的数字。”

【原文】

　　武王曰：“车骑之吏数、陈法奈何？”

　　太公曰：“置车之吏数，五车一长，十车一吏，五十车一率，百车一将。易战之法：五车为列，相去四十步，左右十步，队间六十步。险战之法：车必循道，十车为聚，二十车为屯，前后相去二十步，左右六步，队间三十六步；五车一长，纵横相去二里，各返故道。置骑之吏数：五骑一长，十骑一吏，百骑一率，二百骑一将。易战之法：五骑为列，前后相去二十步，左右四步，队间五十步。险战者：前后相去十步，左右二步，队间二十五步。三十骑为一屯，六十骑为一辈；十骑一吏，纵横相去百步，周环各复故处。”

武王曰：“善哉！”

【译文】

武王又问道：“战车和骑兵的军官数额配置以及作战方法是怎样的呢？”

太公答道：“战车应配备的军官数量是，每五辆战车设一长，每十辆战车设一吏，每五十辆战车设一率，每百辆战车设一将。在平坦地形上作战的方法是：五辆战车为一列，前后相距四十步，左右间隔为十步，队与队之间的前后距离和左右间隔各六十步。在险要地形上作战的方法是：战车必须沿道路行进，十辆战车为一聚，二十辆战车为一屯；车与车之间前后相间二十步，左右间隔六步，队与队之间的前后距离和左右间隔各为三十六步。五辆战车设一长，活动范围前后左右各二里，战车撤出战斗后仍由原路返回。骑兵应配备军官的数量是，五名骑兵设一长，十名骑兵设一吏，百名骑兵设一率，二百名骑兵设一将。在平坦地形上作战的方法是：五骑为一列，前后相距为二十步，左右间隔为四步，队与队之间的前后距离和左右间隔各为五十步。在险阻地形上作战的方法是：前后相距为十步，左右间隔为两步，队与队之间的前后距离和左右间隔各为二十五步。三十名骑兵为一屯，六十名骑兵为一辈。每十名骑兵设一吏，活动范围前后左右各百步，结束战斗后各自返回原来的位置。”

武王说：“讲得真好！”

武车士第五十六

【原文】

武王问太公曰："选车士奈何？"

太公曰："选车士之法，取年四十已下，长七尺五寸已上，走能逐奔马，及驰而乘之，前后、左右、上下周旋，能束缚旌旗；力能彀八石弩，射前后左右，皆便习者，名曰武车之士，不可不厚也。"

【译文】

武王问太公说："如何选拔车上的武士？"

太公答道："选拔车上武士的标准是：选取那些年龄在四十岁以下，身高在七尺五寸以上，奔跑能追得上飞驰的骏马，能在奔驰中跳上战车，并能在战车前后、左右、上下各方应战自如，能够执掌旌旗，力大能拉满八石弓弩，并能向前后、左右熟练地射箭的人。这种人称为武车士，他们的待遇不可不优厚。"

武骑士第五十七

【原文】

武王问太公曰："选骑士奈何？"

太公曰:"选骑士之法:取年四十已下,长
七尺五寸已上,壮健捷疾,超绝伦等,能驰骑彀
射,前后左右,周旋进退,越沟堑,登丘陵,冒险
阻,绝大泽,驰强敌,乱大众者,名曰武骑之士,
不可不厚也。"

【译文】

武王问太公说:"选拔骑兵的方法应该怎样?"

太公回答说:"选拔骑兵的标准是:选取那些年龄在四十岁以下,
身高在七尺五寸以上;身强力壮,行动敏捷超过常人;会骑马疾驰并能
在马上弯弓射箭;能前后、左右各方应战自如,进退娴熟;能策马逾越
沟堑、攀登丘陵、冲过险阻、横渡大泽、追逐强敌、打乱敌军主力的人。
这种人称为武骑士,他们的待遇不可不优厚。"

战车第五十八

【原文】

武王问太公曰:"战车奈何?"

太公曰:"步贵知变动,车贵知地形,骑贵
知别径奇道,三军同名而异用也。凡车之死地
有十,其胜地有八。"

【译文】

武王问太公说:"战车的作战情况怎么样?"

太公回答说:"步兵作战,贵在掌握情况变化;战车作战,贵在熟悉地形条件;骑兵作战,贵在熟悉岔路捷径。车、步、骑同是作战部队,但是用法不同。战车作战有十种死地,也有八种有利的情况。"

【原文】

武王曰:"十死之地奈何?"

太公曰:"往而无以还者,车之死地也;越绝险阻,乘敌远行者,车之竭地也;前易后险者,车之困地也;陷之险阻而难出者,车之绝地也;圮下渐泽,黑土粘埴者,车之劳地也;左险右易,上陵仰阪者,车之逆地也;殷草横亩,犯历深泽者,车之拂地也;车少地易,与步不敌者,车之败地也;后有沟渎,左有深水,右有峻阪者,车之坏地也;日夜霖雨,旬日不止,道路溃陷,前不能进,后不能解者,车之陷地也。此十者,车之死地也。故拙将之所以见擒,明将之所以能避也。"

【译文】

武王问："十种死地是什么？"

太公说："只可以前进，而不能退回的，是战车的死地；逾越险阻，长途跋涉追逐敌人的，是战车的竭地；前面平坦易行，后面险阻不通的，是战车的困地；陷入险阻而难以出来的，是战车的绝地；坍塌积水，泥泞湿滑地带，是战车的困地；左面险阻，右面平坦，前驰时又需要爬坡的，是战车的逆地；茂草遍地，还要渡过深水大泽的，是战车的拂地；战车数量稀少，地形平坦，战车又不能同步兵很好配合的，是战车的败地；后面有沟渠，左面有深水，右面有高坡的，是战车的坏地；昼夜连降大雨，十多日不停，道路被毁坏，前不能进，后不能退的，是战车的陷地。这十种情况都是战车的死地。愚将之所以被擒杀是因为不了解十种死地的危害，聪明的将帅之所以成功是因为能避开这类死地。"

【原文】

武王曰："八胜之地奈何？"

太公曰："敌之前后，行陈未定，即陷之；旌旗扰乱，人马数动，即陷之；士卒或前或后，或左或右，即陷之；陈不坚固，士卒前后相顾，即陷之；前往而疑，后恐而怯，即陷之；三军卒惊，皆薄而起，即陷之；战于易地，暮不能解，即陷之；远行而暮舍，三军恐惧，即陷之。此八者，车之胜地也。将明于十害、八胜，敌虽围周，千乘万骑前驱旁驰，万战必胜。"

武王曰："善哉！"

【译文】

武王又问:"八种有利的情况又是哪些?"

太公答道:"敌人前后行阵尚未稳定,这时动用战车就能乘机攻破它;敌人旗帜紊乱,人马不断调动,这时动用战车就能乘机攻破它;敌军士卒有的向前,有的退后,有的往左,有的朝右,这时动用战车就能乘机打败它;敌军阵势不稳固,其士卒前后互相观望,这时动用战车就能乘机攻破它;敌人前进时犹豫不决,后退时害怕惊恐,这时动用战车就能打败它;敌人全军突然惊乱,挤成一团乱撞乱碰,这时动用战车就能乘机攻破它;交战于平地,战至日暮还不能撤出战斗,这时动用战车就能乘机攻破它;敌人长途行军,直到天黑才宿营,三军上下恐惧不安,这时动用战车就能乘机攻破它。这八种情况,都是运用战车作战有利的情况。将帅如果了解了战车作战的十种危险情形和八种有利情况,那么即使敌人把我军重重包围,并用千乘万骑向我军正面进攻、两侧突击,我们也能够从容应付,每战必胜。"

武王说:"说得真好!"

战骑第五十九

【原文】

　　武王问太公曰:"战骑奈何?"
　　太公曰:"骑有'十胜'、'九败'。"

【译文】

武王问太公说:"骑兵作战的方法应该怎样?"

太公回答说:"骑兵作战有'十胜'和'九败'。"

【原文】

　　武王曰:"'十胜'奈何?"

　　太公曰:"敌人始至,行陈未定,前后不属,陷其前骑,击其左右,敌人必走;敌人行陈整齐坚固,士卒欲斗,吾骑翼而勿去,或驰而往,或驰而来,其疾如风,其暴如雷,白昼而昏,数更旌旗,变易衣服,其军可克;敌人行陈不固,士卒不斗,薄其前后,猎其左右,翼而击之,敌人必惧;敌人暮欲归舍,三军恐骇,翼其两旁,疾击其后,薄其垒口,无使得入,敌人必败;敌人无险阻保固,深入长驱,绝其粮路,敌人必饥;地平而易,四面见敌,车骑陷之,敌人必乱;敌人奔走,士卒散乱,或翼其两旁,或掩其前后,其将可擒;敌人暮返,其兵甚众,其行陈必乱,令我骑十而为队,百而为屯,车五而为聚,十而为群,多设旌旗,杂以强弩,或击其两旁,或绝其前后,敌将可虏。此骑之'十胜'也。"

【译文】

　　武王问:"'十胜'是怎么回事?"

　　太公说:"敌人刚到,行列阵势还没有稳定,前后部队不相衔接,这时用骑兵攻破他们的先头骑兵部队,迂回夹击其两翼,敌人就必然溃逃；敌人行列整齐，阵势坚固，士卒急于求战，这时我们的骑兵应夹击敌人两翼并且死死缠住不放，一会儿奔驰过去，一会儿奔驰回来，迅捷有如急风，凶猛有如雷霆，从白天一直打到黄昏，并多次更换旗帜，改穿衣服以使敌疑惑惊恐，这样敌军就会被打败；敌军行列阵势不坚固，士卒缺乏斗志，这时用骑兵进攻敌人的正面和后方，突袭其左右两翼进行打击，敌人必定会震骇惊恐；敌人日暮想要返回营舍，三军心存恐惧，这时动用骑兵夹击其两翼，并迅速袭击它的后队，迫近其营垒的出入口，不让其进入营垒，这样敌人就一定会失败；敌人没有险阻地形可用来固守，这时动用骑兵深入长驱，截断敌军粮道，敌人就一定会陷于饥饿；敌军处于平坦地形，四面都容易遭到攻击，这时我军用战车和骑兵协同打击它，敌人必定全线溃乱；敌人败退奔逃，士卒零乱分散，这时用骑兵一边夹击敌军两翼，一边夹击敌军前后，敌军将帅就可以被擒获；敌军日暮返回营垒，部队人数很多，队形一定非常混乱，这时就让我骑兵十人编为一队，百人编为一屯，战车五辆编为一聚，十辆编为一群，多插旗帜，并配备一定数量的强弩，或者突击其两翼，或者断绝其前后，这样，敌人的将领就可以被俘虏。以上这些，就是骑兵作战的十种取胜之道。"

【原文】

武王曰:"'九败'奈何?"

太公曰:"凡以骑陷敌,而不能破陈,敌人佯走,以车骑返击我后,此骑之败地也;追北逾险,长驱不止,敌人伏我两旁,又绝我后,此骑之围地也;往而无以返,入而无以出,是谓陷于'天井',顿于'地穴',此骑之死地也;所从入者隘,所从出者远,彼弱可以击我强,彼寡可以击我众,此骑之没地也;大涧深谷,翳茂林木,此骑之竭地也;左右有水,前有大阜,后有高山,三军战于两水之间,敌居表里,此骑之艰地也;敌人绝我粮道,往而无以返,此骑之困地也;污下沮泽,进退渐洳,此骑之患地也;左有深沟,右有坑阜,高下如平地,进退诱敌,此骑之陷地也。此九者,骑之死地也。明将之所以远避,暗将之所以陷败也。"

【译文】

武王又问:"所谓'九败'是怎么回事?"

太公说:"凡是用骑兵攻击敌人而不能攻破敌阵,敌人假装逃跑,而用战车和骑兵攻打我后方,这就是骑兵作战上的'败地';追击败逃之敌,翻越险阻,长驱深入而不停止,敌人埋伏于我军左右两旁,又断绝我军的退路,这就是骑兵作战的'围地';只可前往而不能退回,只可进入而无法出来,这叫作陷于'天井'之内,困在'地穴'之中,这就是骑兵作战上的'死地';进去的道路狭隘,退归的道路迂远,敌军可以以弱击强、以少击多的地区,这就是骑兵作战上的'没地';大涧深谷,林木茂盛,这就是骑兵作战上的'竭地';左右两边都有水泽,前面有大山,后面有高岭,三军在两水之间同敌人交战,敌人又控制了内外有利地形,这就是骑兵作战上的'艰地';敌人截断我方粮道,我军只能前进而不能退回的,这就是骑兵作战上的'困地';低洼泥泞,沼泽遍布,进退困难重重的,这就是骑兵作战上的'患地';左有深沟,右有坎坷,高低不平可看上去却像是平地,无论进退都会招致敌人袭击的,这就是骑兵作战上的'陷地'。以上这九种情况都是骑兵作战上的不利条件。这是明智的将帅所要竭力避开的,也是愚笨的将帅之所以陷于失败的原因。"

战步第六十

【原文】

武王问太公曰:"步兵与车骑战奈何?"

太公曰:"步兵与车骑战者,必依丘陵险阻,长兵强弩居前,短兵弱弩居后,更发更止。敌之车骑,虽众而至,坚陈疾战,材士强弩,以备我后。"

【译文】

武王问太公说:"步兵同战车、骑兵作战的方法该怎样?"

太公回答说:"步兵与敌人的战车、骑兵作战,必须依托丘陵、险阻等地形,把长兵器和强弩配置在前面,把短兵器和弱弩配置在后面,轮流作战,轮流休整。敌人的战车、骑兵即便是大批到达,我军也要坚守阵地,奋力作战,并动用材士强弩来戒备守御后方。"

【原文】

武王曰:"吾无丘陵,又无险阻,敌人之至,既众且武,车骑翼我两旁,猎我前后,吾三军恐怖,乱败而走,为之奈何?"

太公曰:"令我士卒为行马、木蒺藜,置牛马队伍,为四武冲陈。望敌车骑将来,均置蒺藜,掘地匝后,广深五尺,名曰'命笼'。人操行马进退,阑车以为垒,推而前后,立而为屯。材士强弩,备我左右。然后令我三军,皆疾战而不解。"

武王曰:"善哉!"

【译文】

武王又问："我军既无丘陵又没有险阻可以依托，敌军兵力既众多又强大，敌人用战车、骑兵夹击我两翼，突袭我前后，而我全军上下恐惧震骇，溃败逃跑，这该怎么办？"

太公回答说："命令我军士卒制作行马和木蒺藜，把牛、马集中在一起统一使用，步兵列成'四武冲阵'。望见敌军战车、骑兵将要来袭，就广泛布设蒺藜，并在周围挖掘环形的壕沟，宽和深各为五尺，这叫作'命笼'。步兵带着行马进退，并把车辆联结起来，组成临时营垒，推动它时可前后移动，停止下来又可成为营寨。另以材士强弩戒备左右两翼，然后号令我全军上下勇猛战斗，不得有丝毫的松懈。"

武王说："说得真好啊！"

三略

卷上　上略

【原文】

　　夫主将之法，务揽英雄之心，赏禄有功，通志于众。故与众同好靡不成，与众同恶靡不倾。治国安家，得人也；亡国破家，失人也。含气之类，咸愿得其志。

【译文】

　　统率将领的方法，是务必要收揽那些英雄豪杰的心，将禄位赏赐给有功之臣，使自己的意志成为众人共同的意志。所以，与大家有共同的意愿，就没有做不成的事情；与大家有共同的仇恨，就没有打不垮的敌人。国家大治，家庭和睦，是由于获得了人心；国家覆灭，家庭破散，是由于丧失了人心。因为所有的人都希望自己的志向能得到实现。

【原文】

　　《军谶》曰："柔能制刚，弱能制强。"柔者德也，刚者贼也。弱者人之所助，强者怨之所攻。柔有所设，刚有所施，弱有所用，强有所加。兼此四者而制其宜。

【译文】

《军谶》说："柔的能制服刚的，弱的能制服强的。"柔而得当是美德，刚而不当是灾祸。弱小的一方，往往容易得到别人的帮助；强大的一方，则常常会成为招致怨恨和攻击的目标。柔有柔的用处，刚有刚的作用，弱有弱的用处，强有强的作用。应该把这四者有机地结合起来，因情况的不同而恰当地运用。

【原文】

　　端末未见，人莫能知。天地神明，与物推移，变动无常。因敌转化，不为事先，动而辄随。故能图制无疆，扶成天威，匡正八极，密定九夷。如此谋者，为帝王师。

【译文】

事物的始末没有显现，人们就不能认识它。大自然神奇莫测，随着事物的运动而推移，变化无常。根据敌情的变化而行动，不要首先发难，而要随着敌人的行动采取适宜的对策。这样就能够图谋制胜，无往而不利，辅佐君王树立天威，匡正天下，安定边远地区。这样运筹谋划的人，可以成为帝王之师。

【原文】

　　故曰：莫不贪强，鲜能守微；若能守微，乃保其生。圣人存之，动应事机，舒之弥四海，卷之不盈怀，居之不以室宅，守之不以城廓，藏之胸臆，而敌国服。

【译文】

　　所以说，凡人没有不贪强好胜的，很少有人能安于微弱。如果能安于微弱，便可以保全自己的性命。圣人掌握了这一道理，行动起来就能顺应事物的规律，推行开来可以遍布于天下，收拢起来可以不满怀抱。安放它不必用上房屋，守护它无须依靠城郭。只要收藏胸中加以巧妙运用，就可以迫使敌国屈服。

【原文】

　　　　《军谶》曰："能柔能刚，其国弥光；能弱能强，其国弥彰。纯柔纯弱，其国必削；纯刚纯强，其国必亡。"

【译文】

　　《军谶》上说："既能用柔，又能用刚，国家前途就充满光明；既能用弱，又能用强，国家形势就更加昌盛。单纯用柔或单纯用弱，国力就必然削弱；单纯用刚或单纯用强，国家就必定走向灭亡。"

【原文】

　　　　夫为国之道，恃贤与民。信贤如腹心，使民如四肢，则策无遗。所适如支体相随，骨节相救，天道自然，其巧无间。

【译文】

　　治理国家的原则，是依赖贤士和民众。信任贤士如同自己的心腹，使用民众如同自己的四肢，那么政令就不会有遗漏。行动起来就会像四肢与躯干一样协调，骨节之间互相照应，浑然天成，巧妙无间。

【原文】

军国之要，察众心，施百务。危者安之，惧者欢之，叛者还之，冤者原之，诉者察之，卑者贵之，强者抑之，敌者残之，贪者丰之，欲者使之，畏者隐之，谋者近之，谗者覆之，毁者复之，反者废之，横者挫之，满者损之，归者招之，服者居之，降者脱之。

获固守之，获厄塞之，获难屯之，获城割之，获地裂之，获财散之。

敌动伺之，敌近备之，敌强下之，敌佚去之，敌陵待之，敌暴绥之，敌悖义之，敌睦携之，顺举挫之，因势破之，放言过之，四网罗之。

得而勿有，居而勿守，拔而勿久，立而勿取，为者则己，有者则士，焉知利之所在！彼为诸侯，己为天子，使城自保，令士自取。

【译文】

治国统军的要旨,在于体察民众的心情,采取各种妥善的措施。处境危险的要使他平安无事,心怀忧惧的要使他欢愉高兴,背叛逃亡的要使他重新归来,含冤受屈的要予以昭雪平反,上告申诉的要为他调查清楚,地位卑贱的要使他变得尊贵,强横不法的要加以抑制,与我为敌的要使他遭到毁灭,贪婪爱财的就多给财物,愿意效力的就加以任用,怕人揭短的就予以隐讳,对有智谋的人要多多同他亲近,对爱进谗言的人不要予以信任,对毁谤者的话要反复进行核实,凡是谋反的要予以铲除,凡是横暴的要让他受挫,骄傲自满的要给予抑制,倾心归顺的要给予招抚,凡已被征服的要给予安置,凡已经投降的要加以宽恕。

占领了坚固的地方要加以守备,占领了险隘的地方要加以阻塞,攻取了不容易得到的地方要驻兵屯守,攻取了城邑要分赏给有功之臣,得到土地要分封给诸侯,得到财物要散发给众人。

敌人行动要密切加以监视,敌人逼近要严密加以防备,敌人强大要故意向它示弱,敌人安逸要注意避其兵锋,敌人来犯要严阵以待,敌人暴虐我就更要安抚民众,敌人悖逆我就更要伸张正义,敌人和睦团结要设法进行分化离间。要顺应敌人的行动去挫败它,要利用敌人的情势去击破它,散布假情报诱使敌人发生错误,四面包围将敌人一举歼灭。

取得胜利不要归功于己,取得财物不要自己专有,攻取城池不要旷日持久,拥立他人为君而不要自己去当,决策出自自己,功劳归于将士,须知这才是真正的利益之所在啊!别人都是诸侯,自己才是天子,让各个城邑自我保护,让官吏贤士自行征收赋税。

【原文】

　　世能祖祖,鲜能下下。祖祖为亲,下下为

君。下下者，务耕桑不夺其时，（薄）赋敛不匮其财，罕徭役不使其劳，则国富而家娭（xī），然后选士以司牧之。夫所谓士者，英雄也。故曰：罗其英雄，则敌国穷。英雄者，国之干；庶民者，国之本。得其干，收其本，则政行而无怨。

【译文】

世上的君主都能尊崇自己的祖先，但却很少有人能爱护、体贴地位卑微的民众。礼敬祖先只是亲亲之道，爱抚民众才是为君之道。爱抚民众，就是要重视耕作蚕织，不侵占农时，减轻赋税，不使民众贫困匮乏；减少徭役，不使民众劳困疲惫。这样，便可以做到国家富足，家庭安乐，然后再选择贤士去管理他们。所谓贤士，就是那些英雄豪杰。所以说，能够罗致敌国的英雄，就能使敌国陷于困窘的境地。英雄豪杰，是国家的骨干；普通民众，是国家的根本。获得了骨干，掌握了根本，就可以做到政令畅通而民众毫无埋怨。

【原文】

夫用兵之要，在崇礼而重禄。礼崇则智士至，禄重则义士轻死。故禄贤不爱财，赏功不逾时，则下力并而敌国削。夫用人之道，尊以爵，赡以财，则士自来；接以礼，励以义，则士死之。

【译文】

用兵的要旨，在于崇尚礼节和厚施俸禄。崇尚礼节，那么智谋之士就会归附；厚施俸禄，那么侠义之士就会乐于效死。因此优待贤士

不要吝惜财物，奖赏功臣不要拖延时日，这样就能使部下齐心协力而削弱敌国。用人的方法是，通过封赐爵位来尊崇他，给予财物以赡养他，如此，贤士就会自愿来归；用礼仪来接待他，用道义来激励他，如此，贤士就会以死相报。

【原文】

　　夫将帅者，必与士卒同滋味而共安危，敌乃可加，故兵有全胜，敌有全囚。昔者良将之用兵，有馈箪醪者，使投诸河，与士卒同流而饮。夫一箪之醪不能味一河之水，而三军之士思为致死者，以滋味之及己也。《军谶》曰："军井未达，将不言渴；军幕未办，将不言倦；军灶未炊，将不言饥。冬不服裘，夏不操扇，雨不张盖，是谓将礼。与之安，与之危，故其众可合而不可离，可用而不可疲，以其恩素蓄，谋素和也。"故曰：蓄恩不倦，以一取万。

【译文】

身为将帅者,必须和士卒同甘苦而共安危,这才可以与敌人进行交锋,所以战争必将取得彻底胜利,敌人必将完全覆灭。从前有一位优秀的将帅用兵打仗,有人送给他一坛美酒,他让人把酒倾倒在河中,与士兵们同饮河水。一坛酒并不能使一河之水都有酒味,而三军将士却都愿意为其拼死效力,这是因为将帅与自己同甘共苦的缘故。《军谶》说:"军井还没有凿成,将帅不说口渴;军帐还没有搭好,将帅不说疲乏;军灶还没有做饭,将帅不说饥饿。冬天不穿皮衣,夏天不用扇子,雨天不独自打伞,这就是做将帅的基本要求。与士卒同安乐,与士卒共危难,所以全军上下能齐心协力而不可分离,能够任意使用而不知疲倦,这正是因为平时恩惠有加,思想一致的缘故。"所以说,将帅不断地施恩惠于广大士卒,就能够赢得千千万万人的拥戴。

【原文】

《军谶》曰:"将之所以为威者,号令也;战之所以全胜者,军政也;士之所以轻战者,用命也。"故将无还令,赏罚必信,如天如地,乃可御人;士卒用命,乃可越境。

夫统军持势者,将也;制胜破敌者,众也。故乱将不可使保军,乖众不可使伐人。攻城则不拔,图邑则不废,二者无功,则士力疲弊。士力疲弊,则将孤众悖,以守则不固,以战则奔北,是谓老兵。兵老则将威不行,将无威则士卒轻刑,士卒轻刑则军失伍,军失伍则士卒逃亡,士卒逃亡则敌乘利,敌乘利则军必丧。

【译文】

《军谶》上说:"将帅之所以有威严,是由于号令严明;作战之所以取得全胜,是因为军政整饬;士卒之所以不惧怕打仗,是由于听从命令。"所以将帅一旦发布命令,就不能再收回,赏罚一定要严守信用,像天地一样不可移易,这才可以统御大军;兵士拼死效命,这才可以出境作战。

统领军队控制局势的是将帅,战胜敌人夺取胜利的是士众。所以治军无方的将领不能让他统率军队,离心离德的军队不能用来攻伐敌人。这样的军队若是去攻打城池则不能拔取,图谋市镇则难以占领,攻城图邑这两者都劳而无功,那么士众就会疲惫不堪。士众疲惫不堪,那么将领就会陷于孤立,士众就会悖逆抗命,用来守御则不稳固,用来作战则溃散败逃,这叫作帅老兵疲。帅老兵疲,那么将领的威严就会丧失;将领没有威严,那么士卒就会不畏惧刑罚;士卒不畏惧刑罚,那么军队就会发生混乱;军队发生混乱,那么士卒就会逃亡;士卒逃亡,那么敌人就会乘机取利;敌人乘机取利,那么军队就必定走向败亡。

【原文】

《军谶》曰:"良将之统军也,恕己而治人。推惠施恩,士力日新,战如风发,攻如河决。"故其众可望而不可当,可下而不可胜。以身先人,故其兵为天下雄。

《军谶》曰:"军以赏为表,以罚为里。"赏罚明,则将威行;官人得,则士卒服;所任贤,则敌国震。

《军谶》曰:"贤者所适,其前无敌。"故士可下而不可骄,将可乐而不可忧,谋可深而不可疑。士骄则下不顺，将忧则内外不相信，谋疑则敌国奋。以此攻伐，则致乱。夫将者，国之命也；将能制胜，则国家安定。

【译文】

《军谶》说："优秀的将领统率军队，是以恕己之道体贴、关怀部属。遍施恩惠，士兵的战斗力就会日益增强，从事作战如同暴风一样迅速猛烈，投入进攻如同河水溃决一样锐不可当。"所以，这样的军队，能让敌人望风披靡而不敢阻挡，只能束手投降而不敢存有取胜的奢望。将领能身先士卒，因此他指挥的军队就能称雄于天下。

《军谶》说："军队以奖赏为表，以惩罚为里。"赏罚严明，将帅的威信才能树立；选拔官佐得当，士卒就会心悦诚服；所委任的人贤明通达，敌国就会惊恐不安。

《军谶》说："贤人所归附的国家，一定所向无敌。"所以，对士大夫要谦卑恭敬而不可骄横简慢，对将帅应令其愉快而不使他陷于忧虑，

对谋略要深思熟虑而不可迟疑不决。对士大夫骄横简慢，下属就不会顺服；将帅内心有隐忧，君将之间就会互不信任；谋略迟疑犹豫，敌国就会振奋鼓舞。在这种状态下从事攻伐，就会招致祸乱。将帅是国家命脉之所系，将帅能克敌制胜，国家才可以安定。

【原文】

《军谶》曰："将能清，能静，能平，能整，能受谏，能听讼，能纳人，能采言，能知国俗，能图山川，能表险难，能制军权。"故曰：仁贤之智，圣明之虑，负薪之言，廊庙之语，兴衰之事，将所宜闻。

将（者）能思士如渴，则策从焉。夫将拒谏，则英雄散；策不从，则谋士叛；善恶同，则功臣倦；专己，则下归咎；自伐，则下少功；信谗，则众离心；贪财，则奸不禁；内顾，则士卒淫。将有一，则众不服；有二，则军无式；有三，则下奔北；有四，则祸及国。

【译文】

《军谶》说："将领应该能清廉，能沉静，能公平，能整肃，能接受规谏，能判明是非，能招揽人才，能博采众议，能了解各国风俗，能通晓山川形势，能明了险阻要隘，能控制军队权柄。"因此，举凡仁人贤士的智慧，君主圣上的谋虑，黎民百姓的言语，朝廷的议论，兴衰成败的史迹，身为将领者都应该有所了解。

将领能够思求贤士如饥似渴，就会对贤士的谋划从善如流。将领如果拒绝规谏，那么英雄豪杰就会离散；不采纳谋士的策略，谋士就会叛离；善恶混同不分，功臣就会心灰意冷；个人专断，下级就会归罪于上司；自我夸耀，部下就不会积极建功；听信谗言，部众就会离心离德；贪图钱财，奸邪就无法得到禁绝；迷恋女色，士卒就会纵欲淫乱。将领如有上面言行中的一条，那么兵众就不会信服他的权威；有上面言行中的两条，那么军队就会丧失法纪；有上面的三条，那么部众就会纷纷逃散；有上面的四条，那么就会大祸临头，殃及国家生存。

【原文】

《军谶》曰："将谋欲密，士众欲一，攻敌欲疾。"将谋密，则奸心闭；士众一，则军心结；攻敌疾，则备不及设。军有此三者，则计不夺。将谋泄，则军无势；外窥内，则祸不制；财入营，则众奸会。将有此三者，军必败。

将无虑，则谋士去；将无勇，则吏士恐；将妄动，则军不重；将迁怒，则一军惧。《军谶》曰："虑也，勇也，将之所重；动也，怒也，将之所用。"此四者，将之明诫也。

【译文】

《军谶》说："将领的谋略应保密，士兵的意志应统一，攻击敌人应迅疾。"将领的谋略保密，奸细就无隙可乘；士兵的意志统一，全军上下就会同心戮力；攻击敌人迅疾，敌人就猝不及防。军队拥有这三项条件，那么计划就不会遭到挫折。将领的谋略被泄露，军队就会丧失有利态势；敌人窥探到我方的内情，祸患就会无法制止；不义之财进入军营，各种弊端就会纷至沓来。将领有这三条，军队就会必败无疑。

　　将领没有深谋远虑，智谋之士就会失望离去；将领没有勇武气概，官兵就会恐惧不安；将领轻举妄动，军队就不会稳定；将领迁怒于人，全军上下就会心怀畏惧。《军谶》说："善于谋划，勇武豪迈，是将领应具备的重要品质；该动则动，该怒则怒，是将领应掌握的用兵之道。"这四条，是将领要时常牢记的明诫。

【原文】

　　《军谶》曰："军无财，士不来；军无赏，士不往。"《军谶》曰："香饵之下，必有悬鱼；重赏之下，必有死夫。"故礼者，士之所归；赏者，士之所死。招其所归，示其所死，则所求者至。故礼而后悔者，士不止；赏而后悔者，士不使。礼赏不倦，则士争死。

【译文】

《军谶》说："军队没有资财，士众就不来归附；军队没有奖赏，士众就不勇往直前。"《军谶》说："在香饵引诱之下，必定有吞钩的鱼儿；在优厚的赏赐面前，必定有不怕死的士兵。"所以，使士卒相随归附的是礼遇，使士卒拼死效命的是奖赏。用礼遇招徕士众归附，用奖赏诱使士众效命，那么，所需要的人就会来到。因此，起初礼遇优渥而后又反悔的，士卒就不会留下来；起初奖赏丰厚而后又反悔的，士众就不会听从使唤。只有礼遇奖赏一如既往，士众才会争相效命，慷慨赴死。

【原文】

《军谶》曰："兴师之国，务先隆恩；攻取之国，务先养民。以寡胜众者，恩也；以弱胜强者，民也。"故良将之养士，不易于身，故能使三军如一心，则其胜可全。

【译文】

《军谶》说："要兴兵打仗的国家，务必事先厚施恩惠；要攻城略地的国家，务必先让民众休养生息。要做到以少胜多，在于厚施恩惠；要做到以弱胜强，在于得到民众的支持。"所以优秀的将领对待士卒，如同爱护自己的身体一样，因此才能使全军上下团结一心，这样夺取胜利就有保障。

【原文】

《军谶》曰："用兵之要，必先察敌情。视其仓库，度其粮食，卜其强弱，察其天地，伺其空隙。"故国无军旅之难而运粮者，虚也；民菜色者，穷也。千里馈粮，民有饥色；樵苏后爨，师不宿饱。夫运粮千里，无一年之食；二千里，无二年之食；三千里，无三年之食，是谓国虚。国虚则民贫，民贫则上下不亲。敌攻其外，民盗其内，是谓必溃。

【译文】

《军谶》说："用兵的要旨，是必须首先察明敌情。弄清楚它仓库的物资储备，估算一下它粮食的多少，分析判断敌人的强弱，查明敌方的天候和地形状况，寻找敌人暴露的可乘之机。"所以国家没有遭受战争的苦难而运送粮食的，表明国库空虚；老百姓面黄肌瘦的，表明民众贫困。从千里之外运送粮食，民众就会面有饥色；临时砍伐柴草做饭，军队就会经常吃不饱。千里之外运粮，说明国家缺一年的粮食；两千里外运粮，说明国家缺两年的粮食；三千里外运粮，说明国家缺三年的粮食。这正是国库空虚的表现。国库空虚，民众就不免贫穷；民众贫穷，上下之间就不会亲近和睦。敌人从外面进攻，民众在内部作乱，国家就必定会崩溃。

【原文】

《军谶》曰："上行虐则下急刻。赋敛重数，刑罚无极，民相残贼，是谓亡国。"

《军谶》曰："内贪外廉，诈誉取名，窃公为恩，令上下昏，饰躬正颜，以获高官，是谓盗端。"

《军谶》曰："群吏朋党，各进所亲，招举奸枉，

抑挫仁贤，背公立私，同位相讪，是谓乱源。"

《军谶》曰："强宗聚奸，无位而尊，威无不
震，葛藟(lěi)相连，种德立恩，夺在位权，侵侮下
民，国内哗喧，臣蔽不言，是谓乱根。"

《军谶》曰："世世作奸，侵盗县官，进退求
便，委曲弄文，以危其君，是谓国奸。"

【译文】

《军谶》说："君主肆行暴虐，臣属必定会急苛刻薄。征敛赋税又多
又重，滥施刑罚漫无止境，民众互相残害，这样，国家必定要灭亡。"

《军谶》说："内心贪婪而表面装作廉洁，骗取声誉盗取功名，窃用
公家的财产来私树恩德，使上下昏聩不识其真面目，装出一副道貌岸
然的模样，以此获取高官厚禄，这叫作窃国的发端。"

《军谶》说："大小官吏拉帮结伙，各自引进自己的亲信，招纳网罗
奸邪之徒，压制贬抑仁人贤士，背弃国家牟取私利，同僚之间互相讥讽
攻讦，这就是国家祸乱的本源。"

《军谶》说："望族豪门相聚为奸，虽无爵位却尊荣显贵，威风凛凛
无所畏惧，势力如同葛藤一般盘错相连，以小恩小惠树立自己的形象，

窃夺执政者的权力，侵害和凌辱普通民众。国内舆论大哗，大臣却隐瞒实情不敢如实直言，这就是发生祸乱的根源。"

《军谶》说："世世代代为非作歹，侵犯官府，盗窃国库，出仕退隐只求自己的方便，舞文弄墨，矫饰诡辩，危害国君，这叫作乱国的奸贼。"

【原文】

《军谶》曰："吏多民寡，尊卑相若，强弱相虏，莫适禁御，延及君子，国受其咎。"

《军谶》曰："善善不进，恶恶不退，贤者隐蔽，不肖在位，国受其害。"

《军谶》曰："枝叶强大，比周居势，卑贱陵贵，久而益大，上不忍废，国受其败。"

【译文】

《军谶》说："官多民少，尊卑没有区别，强大的掠夺弱小的，如果不加禁止，祸患将波及正人君子，使国家蒙受其害。"

《军谶》说："君主喜欢好人却不加以任用，厌恶坏人却不予以黜退，贤士归隐山林，品行不端之徒把持权力，国家就会受到危害。"

《军谶》说："宗室势力强大显赫，结党营私，窃据高位，欺下犯上，时间越久，他们的权势越大，君主不忍心果断地加以铲除，国家必遭败亡之祸。"

【原文】

《军谶》曰："佞臣在上，一军皆讼，引威自与，动违于众。无进无退，苟然取容。专任自己，举措伐功。诽谤盛德，诬述庸庸。无善无恶，皆与己同。稽留行事，命令不通。造作奇政，变古易常。君用佞人，必受祸殃。"

《军谶》曰："奸雄相称，障蔽主明；毁誉并兴，壅塞主聪。各阿所私，令主失忠。"

【译文】

《军谶》说："谗佞之臣在上当权，全军上下都会不满指控。他们倚仗权势，自我吹嘘，动辄违忤大家的意愿。他们进退毫无原则，只知道依照上司的脸色行事。他们刚愎自用，一举一动都夸功自傲。他们诽谤品德高尚的人，诬蔑其为庸庸碌碌之辈。他们不分善恶是非，只看是否合乎自己的意愿。他们积压政务，使得上令不能顺利下达，处处标新立异，变更古制，改易常法。君主若是重用这种奸佞之徒，必定会遭受祸害。"

《军谶》说："奸雄之间相互称许，遮蔽君主的视线，使其是非不分；毁谤和吹嘘搅和在一起，堵塞君主的听觉，使其善恶难辨。他们各自偏袒自己的私党，使君主失去忠义之臣。"

【原文】

故主察异言，乃睹其萌；主聘儒贤，奸雄乃遁；主任旧齿，万事乃理；主聘岩穴，士乃得实。谋及负薪，功乃可述；不失人心，德乃洋溢。

【译文】

因此，君主洞察诡异之言，才能看出祸乱的萌芽。君主礼聘儒士贤才,奸雄就会逃遁。君主任用年高德劭的老臣,所有事情就会治理得井井有条。君主征聘山林隐士,才能得到有真才实学的治国之才。君主运筹谋划时能倾听黎民百姓的意见,他的功业就可以名垂青史。君主能够做到不失民心,他的盛名美德就可以远播四方。

卷中　中略

【原文】

　　夫三皇无言而化流四海,故天下无所归功。帝者,体天则地,有言有令,而天下太平。君臣让功,四海化行,百姓不知其所以然。故使臣不待礼赏有功,美而无害。王者,制人以道,降心服志,设矩备衰,四海会同,王职不废,虽有甲兵之备,而无斗战之患。君无疑于臣,臣无疑于主,国定主安,臣以义退,亦能美而无害。霸者,制士以权,结士以信,使士以赏。信衰则士疏,赏亏则士不用命。

【译文】

　　三皇默默无言,而其教化却流布于四海,所以天下的人不知道应把功劳归属给何人。五帝顺应天地间自然规律,设教施令,天下因此太平无事。君臣互相推让功名,四海之内教化大行,黎民百姓却不知其中的缘由。所以役使臣僚而不必依靠礼法赏赐其功劳,就能够使君臣之间和美无间。三皇运用道德统御民众,使之心悦诚服,制定各种法规以预防衰败,天下诸侯定时前来朝觐天子,向朝廷奉献贡赋。虽然拥有军备,但却没有战争的祸患。君主对臣僚深信无疑,臣僚对君主也无疑心，国家稳定，君主安宁，臣下根据义的规范适时告退，君臣之间也能和睦美满而不互相伤害。五霸利用权术来驾驭士人，讲求信用来结交士人，借助奖赏来役使士人。信任降低，士人就会对他疏远，奖赏少了士人就会不肯效命。

【原文】

《军势》曰："出军行师，将在自专。时退内御，则功难成。"

《军势》曰："使智，使勇，使贪，使愚。智者乐立其功，勇者好行其志，贪者邀趋其利，愚者不顾其死。因其至情而用之，此军之微权也。"

《军势》曰："无使辩士谈说敌美，为其惑众；无使仁者主财，为其多施而附于下。"

【译文】

《军势》说："出兵打仗，贵在将帅拥有机断行事的权限。如果进退都受君主的掣肘牵制，那么就难以取得成功。"

《军势》说："使用有智谋的人，使用勇敢的人，使用贪婪的人，使用愚笨的人，其方法各有不同。有智谋的人乐于建功立业，勇敢的人想要实现自己的志向，贪婪的人热衷于追求利禄，愚笨的人从来不顾惜性命。根据他们的特殊个性加以充分利用，这是治军用人方面高深莫测的权术。"

《军势》说："不要让能言善辩的人谈论敌人的长处，因为这会蛊惑众人；不要让心地仁慈的人主管财物，因为他会滥施财物以讨好迎合下属。"

【原文】

《军势》曰："禁巫祝,不得为吏士卜问军之吉凶。"

《军势》曰："使义士不以财。"故义者不为不仁者死,智者不为暗主谋。

主不可以无德,无德则臣叛;不可以无威,无威则失权。臣不可以无德,无德则无以事君;不可以无威,无威则国弱,威多则身蹶。

【译文】

《军势》说："军中要禁绝巫祝,不准他们为官兵占卜军队的吉凶祸福。"

《军势》说："任用侠义之士不依靠钱财。"因为侠义之士不会为不仁不义之人去效死,足智多谋之士不会为昏聩的君主出谋划策。

君主不能没有道德,没有道德臣属就会背叛;不可以没有威仪,没有威仪就会丧失权力。臣僚不能没有道德,没有道德就无法侍奉和辅佐君主;不可以没有威势,没有威势国家就会遭到削弱,但是如果威势过于膨胀,也会使自己身败名裂。

【原文】

故圣王御世,观盛衰,度得失,而为之制。故诸侯二师,方伯三师,天子六师。世乱则叛逆生,王泽竭,则盟誓相诛伐。德同势敌,无以相倾,乃揽英雄之心,与众同好恶,然后加之以权变。故非计策无以决嫌定疑,非谲奇无以破奸息寇,非阴谋无以成功。

【译文】

因此,圣王统御天下,观察世道的盛衰,衡量政治的得失,从而制定典章礼乐制度。规定诸侯拥有二师,方伯拥有三师,天子拥有六师。后世社会动乱,叛逆随之发生,天子的恩泽也同样枯竭,结果导致诸侯之间结盟立誓,互相讨伐。他们道德优劣相同,实力强弱相敌,谁也无法战胜对方,于是就收揽英雄豪杰之心,与大家同好共恶,然后再加之使用权术,随机应变。所以,不经过运筹策划,就没有办法裁决疑惑难明的事情;不采取诡诈奇谲的手段,就没有办法打击奸人消灭敌寇;不施用阴谋诡计,就没有办法取得成功。

【原文】

圣人体天,贤者法地,智者师古。是故《三略》为衰世作。《上略》设礼赏,别奸雄,著成败。《中略》差德行,审权变。《下略》陈道德,察安危,明贼贤之咎。故人主深晓《上略》,则能任贤擒敌;深晓《中略》,则能御将统众;深晓《下略》,则能明盛衰之源,审治国之纪。人臣深晓《中略》,则能全功保身。

【译文】

　　圣人能够体察天之道,贤人能够取法地之理,智者能够以古人为师。因此,《三略》一书是专门为衰乱的时代而作的。其中《上略》主要讲述设置礼赏、辨识奸雄、昭示成败之源的道理。《中略》主要阐述区分德行,审达权变。《下略》则主要是阐述道德,体察安危,揭示迫害贤人的罪过。因此,做君主的深通《上略》,就能够任用贤人,制服敌人;深通《中略》,就能够驾驭将帅,统辖士众;深通《下略》,就能够明察盛衰兴亡的根源,了解和掌握治理国家的原则。做臣子的深通《中略》,就能够成就功业,保全性命。

【原文】

　　　　夫高鸟死,良弓藏;敌国灭,谋臣亡。亡者,
　　　　非丧其身也,谓夺其威,废其权也。封之于朝,
　　　　极人臣之位,以显其功;中州善国,以富其家;
　　　　美色珍玩,以说其心。

【译文】

　　高飞的鸟儿死光了,好的弓箭就会被收藏起来;敌对的国家灭亡了,谋臣就会被消灭。所谓消灭,并不是指消灭他的生命,而是指剥夺他的威势,废止他的权力。在朝廷上对他进行封赏,给他群臣中最尊贵的爵位,以此来表彰他的功劳;赐封中原最肥沃的土地,使他家业殷富;赏赐珍玩和美女,使他心情快乐。

【原文】

　　　　夫人众一合而不可卒离,威权一与而不可

卒移。还师罢军，存亡之阶。故弱之以位，夺之
以国，是谓霸者之略。故霸者之作，其论驳也。
存社稷、罗英雄者，《中略》之势也。故世主秘焉。

【译文】

民众一经组合为军队，便不宜仓促解散；权力一旦授予，便不可仓
促变动。战事结束将帅班师回朝，这是君主权位存亡的关键时刻。所
以，要通过赐封爵位的办法来削弱将帅的实权，通过赐予土地的办法
来剥夺将帅的权柄，这就是称霸者驾驭将帅的方略。因此说，称霸者
的所作所为，其道理是很驳杂的。保全国家，网罗英雄，就是《中略》所
阐述的权变，对此，历代君主都匠心独运，秘而不宣。

卷下　下略

【原文】

　　夫能扶天下之危者，则据天下之安；能除天下之忧者，则享天下之乐；能救天下之祸者，则获天下之福。故泽及于民，则贤人归之；泽及昆虫，则圣人归之。贤人所归，则其国强；圣人所归，则六合同。求贤以德，致圣以道。贤去，则国微；圣去，则国乖。微者危之阶，乖者亡之徵。

【译文】

能够匡扶天下于危亡的人，就能拥有天下的安宁；能够祛除天下之忧患的人，就能享有天下的快乐；能够拯救天下于灾难的人，就能获得天下的福祉。所以，能遍施恩泽于广大民众，贤人就会归附他；能遍施恩泽于昆虫万物，圣人就会归附他。贤人一旦前来归附，那么国家就会强盛；圣人一旦前来归附，那么就可以一统天下。要依靠施行德政来网罗贤人，凭借躬行正道来招徕圣人。贤人离去，国家就会衰微；圣人离去，国家就会混乱。国家衰微，是走向危险的阶梯；国家混乱，是陷于灭亡的征兆。

【原文】

　　　　贤人之政，降人以体；圣人之政，降人以心。体降可以图始，心降可以保终。降体以礼，降心以乐。所谓乐者，非金石丝竹也，谓人乐其家，谓人乐其族，谓人乐其业，谓人乐其都邑，谓人乐其政令，谓人乐其道德。如此君人者，乃作乐以节之，使不失其和。故有德之君，以乐乐人；无德之君，以乐乐身。乐人者，久而长；乐身者，不久而亡。

【译文】

　　贤人的行政，是使人在行动上做到顺从；圣人的行政，是使人从内心深处真诚依顺。使人行动顺从，可以谋划开创事业；使人内心顺从，可以确保善始善终。使人行动顺从依靠的是礼，使人内心顺从依靠的是乐。所谓乐，并非是指金、石、丝、竹这一类乐器，而是指人们喜爱他们的家庭，是指人们喜爱他们的宗族，是指人们喜爱他们的职业，是指人们喜爱他们所居住的城邑，是指人们拥护国家的政令，是指人们乐于讲究道德。这样治理国家的君主，就能推行乐教来陶冶和节制人的行为，使人们不丧失和谐的关系。所以，有道德的君主，总是用乐来使人们快乐；无道德的君主，总是用乐来使自己快乐。使人们快乐的，国家长治久安；使自己快乐的，国家不久就会灭亡。

【原文】

释近谋远者，劳而无功；释远谋近者，佚而有终。佚政多忠臣，劳政多怨民。故曰：务广地者荒，务广德者强。能有其有者安，贪人之有者残。残灭之政，累世受患。造作过制，虽成必败。

舍己而教人者逆，正己而教人者顺。逆者乱之招，顺者治之要。

【译文】

舍近图远的人，必定劳而无功；舍远图近的人，必定安逸而有善终。安逸的政治，就会出现众多忠臣；繁苛的政治，就会产生许多怨民。所以说，追求向外扩张领土的，内政必然荒废；致力于广施恩德的，国势就会强盛。能保有自己所当拥有的，就平安无事；贪图他人所有的，就受辱招损。残酷暴虐的政治，世世代代都会遭受祸患。所作所为超越了限度，即便暂时成功，最终仍将归于失败。

撇开自己而去教训别人属于违背常理，先端正自己再去教育别人才合乎常理。违背常理乃是招致祸乱的根源，合乎常理才是安定国家的关键。

【原文】

　　道、德、仁、义、礼，五者一体也。道者，人之所蹈；德者，人之所得；仁者，人之所亲；义者，人之所宜；礼者，人之所体。不可无一焉。故夙兴夜寐，礼之制也；讨贼报仇，义之决也；恻隐之心，仁之发也；得己得人，德之路也；使人均平，不失其所，道之化也。

【译文】

　　道、德、仁、义、礼，五者是一个整体。道是人们所应该遵循的法则，德是人们所应该持有的情操，仁是人们所应该保持的亲情，义是人们所应该去做的合宜事情，礼是人们所应该遵循的行为规范。这五者缺一不可。所以，人们早起晚睡，这是受礼的约束；讨贼报仇，这是出于义的决断；同情怜悯之心，是发自于仁的本性；使自己和他人都获得满足，这是施行德的要求；使人均齐平等，各得其所，这是推广道的教化。

【原文】

　　出君下臣名曰命，施之竹帛名曰令，奉而行之名曰政。夫命失，则令不行；令不行，则政不正；政不正，则道不通；道不通，则邪臣胜；邪臣胜，则主威伤。

　　千里迎贤，其路远；致不肖，其路近。是以明王舍近而取远，故能全功，尚人，而下尽力。

　　废一善，则众善衰；赏一恶，则众恶归。善

者得其祐(yòu)，恶者受其诛，则国安而众善至。

众疑无定国，众惑无治民。疑定惑还，国乃可安。

【译文】

由君主下达给臣下的指示叫作"命"，把它书写在竹帛上叫作"令"，遵照执行命令叫作"政"。"命"如果有差错，"令"就无法加以推行；"令"不能推行，"政"就会发生偏差；政治如有偏差，治国之"道"就会行不通；治国之"道"行不通，那么奸佞之臣就会占据上风；奸佞之臣占据上风，那么君主的威势必会受到损伤。

千里之外去迎聘贤人，路途十分遥远；但招引奸邪之徒，路途却很近便。所以，英明的君王宁愿舍近而求远，因而能保全功业。尊尚贤人，属下便会竭尽全力加以报答。

弃用一个好人，那么众多好人都会悲观丧气；奖赏一个坏人，那么其他坏人就会纷至沓来。好人好事得到保护，坏人坏事受到惩治，国家就会安定，而大量的好人好事便会涌现。

民众都心存疑虑，那么就不会有政治安定的国家；民众都困惑不解，那么就不会有奉公守法的百姓。只有祛除疑虑，澄清困惑，国家才会安宁。

【原文】

一令逆则百令失，一恶施则百恶结。故善施于顺民，恶加于凶民，则令行而无怨。使怨治怨，是谓逆天；使仇治仇，其祸不救。治民使平，致平以清，则民得其所而天下宁。

【译文】

一项政令违背常理，其他政令也会难以收效；一桩坏事得到推行，其他坏事就会随之汇集。所以，善政施加于驯服的民众，酷政施加于凶恶的民众，那么政令便能顺利推行，民众也不会有什么怨言。用民众怨恨的办法去治理怀有怨恨的民众，这叫作悖天逆理；用民众仇恨的办法去治理怀有仇恨的民众，所招致的灾祸将无法挽救。治理民众要做到公平，而要实现公平，政治就必须清明。这样，民众就能各得其所而天下太平安宁。

【原文】

犯上者尊，贪鄙者富，虽有圣王，不能致其治；犯上者诛，贪鄙者拘，则化行而众恶消。清白之士，不可以爵禄得；节义之士，不可以威刑胁。故明君求贤，必观其所以而致焉。致清白之士，修其礼；致节义之士，修其道。而后士可致，而名可保。

【译文】

犯上作乱的人尊贵，贪婪卑鄙的人富足，这样的话，那么即使有圣明的君主，也不能把国家治理好。犯上作乱的人受到诛戮，贪婪卑鄙的人受到拘禁，这样，教化才可以得到推行，种种邪恶的人和事才会消失。品行高洁的人，不可以用爵禄加以收买；讲究节操道义的人，不可以用威刑加以胁迫。所以，英明的君主征求贤人，一定要根据他们的志向旨趣而加以罗致。罗致品行高洁的人，要讲究礼仪；罗致有节操道义的人，要讲究道义。然后，贤士才可以罗致得到，而君主的英名才能够得到保全。

【原文】

夫圣人君子,明盛衰之源,通成败之端,审治乱之机,知去就之节。虽穷不处亡国之位,虽贫不食乱邦之禄。潜名抱道者,时至而动,则极人臣之位;德合于己,则建殊绝之功。故其道高而名扬于后世。

【译文】

那些圣人君子,能明察盛衰兴亡的根源,通晓成败得失的发端,洞悉治乱安危的关键,了解进退去就的时机。即使困苦也不做行将灭亡之国的官吏,即使贫寒也不领取混乱衰败之邦的俸禄。隐名埋姓、胸怀兴邦治国之道的人士,时机成熟才会有所行动,因而能位极人臣;遇到志向和德行与自己相合的君主,便能建立殊世的功勋。所以,他们的谋略高明而名扬后世。

【原文】

圣王之用兵,非乐之也,将以诛暴讨乱也。夫以义诛不义,若决江河而溉爝火,临不测而挤欲堕,其克必矣。所以优游恬淡而不进者,重伤人物也。夫兵者,不祥之器,天道恶之,不得已而用之,是天道也。夫人之在道,若鱼之在水,得水而生,失水而死。故君子者常畏惧而不敢失道。

302

【译文】

　　圣明的君主兴兵打仗,并不是爱好它,而是用它来诛伐残暴,平息叛乱。以正义诛讨非正义的战争,就好比决江河之水去浇灭微弱的火光,靠近无底深渊去推挤一个摇摇欲坠的人,其赢得胜利乃是必然的。圣王之所以悠闲恬静而不急于进击,是不愿过多地损伤生命和财物。用兵打仗,是不吉祥的事物,连天道也厌恶它。只有在万不得已的情况下动用战争手段,这才是顺乎天道的。人们处于大道的衍化之中,就如同鱼儿生活在水中,遇到水而生,离开水而死。所以君子要时时心存敬畏而不敢背离天道。

【原文】

　　豪杰秉职,国威乃弱;杀生在豪杰,国势乃竭;豪杰低首,国乃可久;杀生在君,国乃可安。四民用虚,国乃无储;四民用足,国乃安乐。

【译文】

　　豪强把持朝政,国家的威望就会被削弱;生杀大权操纵在豪强的手中,国家的势力就会趋于衰竭。豪强俯首听命,国家才可以长治久安;生杀大权由国君掌握,国家才可以保持安宁。士农工商日用匮乏,国家就没有储备;士农工商日用富足,国家也才能安乐。

【原文】

　　贤臣内,则邪臣外;邪臣内,则贤臣毙。内外失宜,祸乱传世。

　　大臣疑主,众奸集聚。臣当君尊,上下乃

昏；君当臣处，上下失序。

【译文】

贤臣在朝廷中，奸臣就会被疏远在外；奸臣在朝廷中，贤臣就会被置于死地。内外失宜，祸乱就会无止境地蔓延。

权臣自比君主，群奸就会借机聚集。臣属相当于君主那样尊崇，上下秩序便昏昧不明；君主相当于臣属的地位，上下秩序就彻底颠倒。

【原文】

伤贤者，殃及三世；蔽贤者，身受其害；嫉贤者，其名不全；进贤者，福流子孙。故君子急于进贤而美名彰焉。

利一害百，民去城郭；利一害万，国乃思散。去一利百，人乃慕泽；去一利万，政乃不乱。

【译文】

伤害贤人的，祸殃会延及子孙三代；埋没贤人的，自身受到损害；嫉妒贤人的，个人名声便不能保全；举荐贤人的，福祉流布子孙后代。所以，君子都热心于举荐贤人而美名显扬于世。

使一人获利而使百人遭害，民众就会离开城郭；使一人得利而使万人受害，国家就会人心思散。除掉一人而让百人得利，人们就会思慕他的恩泽；除掉一人而让万人得利，政治就不会发生动乱。